In Gedenken an meinen Vater Georg Schinharl.

Andreas Schinharl

Frank Schoch und Silvio Knezevic

Mein Bayern

Neue Wege in der bayerischen Küche

südwest

Inhalt

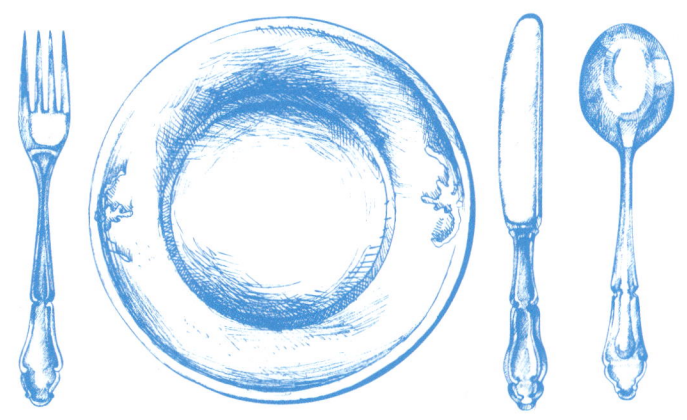

Andreas Schinharl

»Mit dem Einkauf fängt alles an.«

Eine Einstimmung

Grüß Gott, mein Name ist Andreas Schinharl. Ich bin gelernter Koch und Metzger aus Straubing in Niederbayern. Die letzten 15 Jahre war ich für Feinkost Käfer in ganz Europa kulinarisch unterwegs. Am sichtbarsten als Küchenchef der Käfer Wiesn-Schänke auf dem Münchner Oktoberfest. Dem Zelt, das eigentlich ein Blockhaus ist, und dem man nachsagt, eines der begehrtesten auf der ganzen Theresienwiese zu sein.

Mein Beitrag dazu ist eine bayerische Küche, die den Genuss feiert und jede Zutat ehrt, auf ehrliche und möglichst unverfälschte Weise. Dafür setze ich alles und jeden in Bewegung, vor allem mich selbst. Ich liebe es, bemerkenswerte Zutaten zu entdecken – und ihre Macher. Ganz Bayern ist voll davon! Bemerkenswert heißt nicht teuer, aber gut heißt es immer. Und mag meine Wiesn-Küche auch detailverliebt sein, auf Teufel komm raus aufwendig oder gar kompliziert ist sie nicht. Warum auch?

Für meine Freunde oder die Familie mache ich oft ganz einfache Dinge. Keine Gangerl und dreierlei Soßerl und bunte Tupferl, nein, ein einfaches Huhn, ein schöner Fisch, und zu Feiern auch mal ein ganzes Lamm. Dafür reichen ein paar Ziegelsteine und ein Backofenrost. Und am Ende gewinnt immer der Geschmack, er ist es, der alle glücklich macht, nicht ich, der alte Messerjongleur. Deshalb ist mir das Produkt so wichtig. Mit dem Einkauf fängt alles an, der Einkauf ist der wichtigste Teil des Rezepts. Das Rezept ist nur ein Leitfaden, beim Einkauf aber: Bitte nicht pfuschen! Bei einem guten Produkt, einer guten Zutat ist der Geschmack ja schon da. Meine und Ihre

Aufgabe ist es dann nur noch, ihn nicht zu verlieren. In diesem Buch begegnen Sie einigen meiner Partner und Lieferanten oder einfach nur guten Adressen. Manche begleiten mich schon seit Jahrzehnten, andere habe ich erst vor Kurzem entdeckt. Einige bewahren Traditionen, andere haben Traditionen wiederbelebt, und manche haben Traditionen aus meiner Sicht mutig und klug weiterentwickelt. Oft mit mir gemeinsam. Uns eint auch eine gewisse Unabhängigkeit vom Zeitgeist, denn der verhält sich eh in Wellen, das durften diejenigen, die länger im Geschäft sind, schon erleben. An all diesen Menschen aus meiner bayerischen Heimat schätze ich ihren sympathischen Eigensinn, ihre Tatkraft und Loyalität, und ihre Offenheit – nicht nur Profis wie mir gegenüber. Deshalb verspreche ich Ihnen, Sie können das auch: Menschen und Zutaten finden, die ihnen jedes Mal aufs Neue Vergnügen bereiten. Es muss dafür nicht München sein. Auch Straubing, wo ich herkomme, und seine Umgebung sind ein kulinarisches Paradies. Und viele bayerische Dörfer häufig auch.

Gehen Sie auf Entdeckungsreise und bauen Sie sich Ihr ganz eigenes Netz an Einkaufsquellen direkt auf den Höfen, in Fachgeschäften und auf Märkten auf. Dann beginnt der Spaß am Kochen schon beim ersten Gedanken daran. Und so soll es sein.
Kurz, machen Sie es mir nach und gehen Sie neue Wege: bei den Zutaten, bei der Zubereitung, beim ganzen Genuss. Sie werden Ihre Freude daran haben!

Herzlichst
Ihr

Michael Käfer

Die wichtigste Zutat ist der Mensch.

Ein Geleitwort

Als Andreas Schinharl 2006 zu Käfer kam, hat er uns schlagartig besser gemacht – kulinarisch und organisatorisch. Er kam aus der Schweiz von Reto Mathis, und das sagt schon viel. Bei Mathis auf der Corviglia in St. Moritz verdichtete sich in den Wintermonaten eine einmalige Mischung: Puristische Gerichte mit herausragend guten Zutaten, ständiger Trubel, wenig Raum, kaum Zeit, und das alles garniert mit einer gehörigen Prise Jetset.

Andreas hatte ich als Küchenchef für den VIP-Bereich des Berliner Olympiastadions während der Fußballweltmeisterschaft engagiert. Sein Ruf eilte ihm voraus, aber ich kannte ihn vorher nicht. Danach kam er ganz zu uns und legte sofort los: Mit unbändigem Ideenreichtum im Partyservice und ein Jahr später mit einer bodenständigen, geradezu knochentrockenen Pragmatik als Küchendirektor der Käfer Wiesn-Schänke, die mein Vater Gerd Käfer 1973 als Almhütte mit Originalhölzern eines alten Bauernhauses gegründet hatte. Seitdem sind wir immer weiter gewachsen und aus einem kleinen Haus mit 80 Plätzen wurden 1400 innen und 2000 im Gartenbereich. Hier die perfekte Küche aufzubauen, war eine riesige Herausforderung für alle Küchenchefs seit Beginn unserer Wiesnzeit. Heute gehen täglich bis zu 15.000 Gerichte über den Küchenpass.

Aber Andreas Schinharl kannte das ja: ständiger Trubel, wenig Raum, kaum Zeit. Im heißen historischen Herzen unserer Wiesn-Schänke ging es zu wie im Taubenschlag, und damit meine ich nicht nur unsere überaus emsigen Kellnerinnen und Kellner. Es wurde auch ständig angeliefert, eingeräumt, ausgeräumt. Die Kühlhaustür war ständig in Bewegung, das konnte man besser machen. Und Andreas Schinharl machte es besser, mit seiner Erfahrung und einer Entscheidungsstärke, die er sich auch in vielen Jahren auf dem Straubinger Gäubodenvolksfest feingeschliffen hatte. Ein Beispiel: Er verlegte die Anlieferungen einfach gebündelt auf die Nachtstunden, dann, wenn man ziemlich entspannt auf die schlummernde Theresienwiese fahren kann – und er kartelte das mit jedem einzelnen Lieferanten aus. Ich mag die Stimmung in diesen besonderen Stunden, diese leicht müde aber vorfreudige Ruhe, und er mag sie auch. Denn er ist keiner, der das nur anweist, sondern er ist der, der jede Nacht persönlich auf seine Lieferanten wartet. Jede Wiesn-Nacht, 16 Tage lang, seit eineinhalb Jahrzehnten. Bei diesem Engagement werden Sie verstehen, dass ich es mit einem gewissen Amüsement registriere, wenn wieder einmal aufgeregte Gäste auf mich zustürmen, als wäre mir ein seltener Rassehund entlaufen. Dann wurde der Herr Schinharl in einer ruhigeren Minute in seiner Augustiner-Lieblingsbox gesichtet. Wie könnte ich es ihm verdenken?

Die Anlieferungen auf die Nacht zu konzentrieren, mag auf den ersten Blick ein marginaler Unterschied sein, tatsächlich ist es ein großer. Nun wird unsere Wiesn-Küche nie ein Zen-Tempel sein, aber unter der Obhut von Andreas Schinharl ist sie ein Ort leichtfüßiger Präzision. Das hat Folgen: Immer wieder erstaunt es mich, welch renommiertes Personal sich in unserer Oktoberfestküche tummelt. Kulinarische Führungskräfte erstklassiger Häuser aus ganz Europa rücken hier freiwillig ins zweite Glied, um eine Wiesn lang Abertausende Genießer glücklich zu machen. Ums Geld kann es ihnen nicht gehen, es scheint ihnen tatsächlich Freude zu machen. Diese Atmosphäre des Miteinanders entstehen und wachsen zu lassen, darin ist Andreas Schinharl ein zuweilen grantiger Meister.

Seine Qualität spürt man auch, wenn er als Food-hunter brilliert. Das Oktoberfest ist bei Käfer ja ein Ganzjahresjob und für Andreas Schinharl eine ständige Leidenschaft, für die er weite Wege geht, um genau die Zutaten und Produkte zu finden, die es seiner Meinung nach braucht. Oft wirken diese geradezu einfach, nicht selten bin ich skeptisch, aber der Erfolg gibt ihm immer recht. Es geht ja nicht darum, schnell mal Bayerns besten Käse zu entdecken oder den seltensten Donaufisch. Alles, was wir auf der Wiesn verwenden, muss zum richtigen Zeitpunkt in der richtigen Menge und in der richtigen Größe vorhanden sein. Und noch dazu in einer besonders guten, unverwechselbaren Qualität. Jedes Käfer Wiesn-Gericht unter Schinharls Ägide ist tatsächlich in jedem Detail maßgeschneidert, bis hin zum Brettl oder Teller und dessen Dekor. Ihm entgeht nichts, und er bekommt von seinen Lieferanten, Züchtern und Partnern alles genau so, wie er es möchte, weil er sie davon überzeugt hat. Dafür braucht es oft jahrelange Vorausplanung und viel gegenseitiges Vertrauen, sehr viel Vertrauen.

Man tritt ihm nicht zu nahe, wenn man ihn einen analogen Typen nennt. Denn die Bande, die er auf seine Weise knüpft, halten fester und länger, als das heutzutage üblich ist. Ich unterschreibe es Ihnen gern: Die wichtigsten Zutaten sind für Andreas Schinharl die Menschen, mit denen er arbeitet. Dafür hat er meinen größten Respekt.

Genießen Sie dieses Buch! Ich lege es Ihnen ans Herz.

Ihr

Brotzeiten

Essiggemüsesalat mit Breznknödel, Krenschmand und Schweinekrustenchips

Für die Breznknödel
6 altbackene Brezn
1 Zwiebel, abgezogen und fein
  gehackt
20 g frisch gehackte Petersilie
Salz
Pfeffer
geriebene Muskatnuss
¼ l Milch
2 Bio-Eier
30 g Butterschmalz

Für die Schweinekrustenchips
1 kg Schweineschwarte
1 l Sonnenblumenöl
Salz

Für den Krenschmand
50 g Meerrettichwurzel, geschält
250 g Schmand
Salz
Pfeffer
Saft von 1 Bio-Zitrone

Essiggemüse
  (siehe Grundrezept Seite 282)
Meerrettichwurzel zum Anrichten

Die Brezn in feine Scheiben schneiden und in eine große Schüssel geben. Die Zwiebel mit Petersilie, je 1 Prise Salz, Pfeffer und Muskat in einen kleinen Topf geben. Die Milch zugießen und aufkochen lassen. Über die Breznscheiben gießen und diese abgedeckt ziehen lassen. Etwas abkühlen lassen, dann die Eier zufügen und alles zu einer festen Masse vermengen. Die Breznmasse auf ein sauberes Geschirrtuch geben, damit zu einer Rolle formen und an den Enden fest abbinden. Die Rolle in einem Topf mit köchelndem Salzwasser etwa 15 Minuten garen. Herausnehmen und auskühlen lassen, dann die Rolle in etwa 5 mm dicke Scheiben schneiden.

Für die Schweinekrustenchips die Schwarte in reichlich Wasser weich kochen, abkühlen lassen und in etwa 2 x 2 cm große Stücke schneiden. Auf Küchenpapier trocknen lassen. Die Schwartenstücke auf ein mit Backpapier ausgelegtes Backblech legen und im Backofen bei 75 °C (Ober- und Unterhitze) 12 Stunden trocknen.

Das Sonnenblumenöl in einem Topf auf 160 °C erhitzen. Die Schwartenstücke darin knusprig frittieren und auf Küchenpapier abtropfen lassen. Danach leicht salzen.

Für den Krenschmand den Meerrettich fein reiben und mit dem Schmand verrühren. Mit je 1 Prise Salz und Pfeffer sowie Zitronensaft abschmecken.

Das Butterschmalz in einer Pfanne zerlassen und die Knödelscheiben darin goldbraun braten. Auf Tellern kreisrund anrichten. Das Essiggemüse daraufgeben und die Chips darüberstreuen. Mit dem Krenschmand beträufeln und etwas Meerrettich darüberraspeln.

Restebrot vom Goaßbratl

8 Sauerteigbrot-Scherzl

1 Knoblauchzehe, abgezogen

30 g Butter

250 g Reste vom Goaßbratl
  (oder Schweinebraten)

100 g Schmorgemüse von der
  Bratensoße

50 g Essiggurken (Gäuboden)

20 g Meerrettich, gerieben

20 g scharfer Senf (Mautner Senf)

4 hart gekochte Bio-Eier

Salz

schwarzer Pfeffer aus der Mühle

2 Stangen Frühlingslauch, in feinen Ringen

Kresse zum Garnieren

1 Bund Radieschen, geputzt

Essiggurken

Die Brotscherzl mit dem Knoblauch einreiben, mit Butter bestreichen und im vorgeheizten Backofen bei 180 °C (Umluft) 3 Minuten aufbacken.

Die Bratenreste und das Schmorgemüse fein hacken.

Die Essiggurken in feine Würfel schneiden. Den Meerrettich und die Essiggurkenwürfel zum gehackten Fleisch und Schmorgemüse geben. Den Senf unterheben und mit 1 Prise Salz und Pfeffer abschmecken.

Den Aufstrich dick auf die Brotscheiben auftragen. Die Eier pellen, halbieren und auf den Aufstrich legen. Frühlingslauchringe und Kresse darüberstreuen und schwarzen Pfeffer darübermahlen. Radieschen und Essiggurken dazu reichen.

Schwarzwurstsalat mit Rotwein-Senf-Dressing

Für das Rotwein-Senf-Dressing

1 EL fein gewürfelte Schalotten
200 ml trockener Rotwein
100 ml roter Portwein
4 EL Rotweinessig
1 Stängel Thymian
1 Stängel Bohnenkraut
1 Eigelb
1 TL Dijonsenf
½ TL Salz
schwarzer Pfeffer aus der Mühle
100 ml Sonnenblumenöl

Für den Schwarzwurstsalat

1 große Handvoll Friséesalat
1 Radicchio di Treviso
100 g Kartoffeln, geschält und
   in 5 mm dicke Würfel geschnitten
200 g Prinzessbohnen
100 g Perlzwiebeln, abgezogen
1 EL Olivenöl
½ TL Waldhonig
400 g Schwarzwurst, längs halbiert
50 g getrocknete Tomaten
   (siehe Grundrezept Seite 284),
   klein geschnitten
1 Apfel (Boskop), geschält
1 Knoblauchzehe, abgezogen
1 Stängel Estragon
1 Stängel Kerbel
1 Stängel blühender Thymian
1 Prise gemahlener Kümmel
Meersalz
schwarzer Pfeffer aus der Mühle

Eingemachte Tomaten
   (siehe Grundrezept Seite 284)

Für das Rotwein-Senf-Dressing die Schalottenwürfel mit Rotwein, Portwein und Essig in einen kleinen Topf geben, Thymian und Bohnenkraut zufügen und auf die Hälfte einkochen. Den Sud abkühlen lassen und in eine Schüssel abseihen, dann Eigelb und Senf unterrühren. Mit Salz und Pfeffer würzen. Das Öl in dünnem Strahl mit dem Schneebesen einrühren, bis ein cremiges Dressing entsteht.

Für den Schwarzwurstsalat Friséesalatblätter und Radicchio waschen, trocken schleudern und klein zupfen. Kartoffelwürfel und geputzte Bohnen nacheinander in kochendem Salzwasser bissfest garen. Anschließend in Eiswasser abschrecken.

Die Perlzwiebeln im heißen Olivenöl in einer Pfanne auf mittlerer Stufe anbraten, anschließend den Honig zugeben und glacieren.

Die Schwarzwurst in dünne Scheiben schneiden. Die Bohnen der Länge nach halbieren und mit Kartoffelwürfeln, Perlzwiebeln, getrockneten Tomaten und Wurst in eine Schüssel geben. Mit einem Drittel des Rotwein-Senf-Dressings beträufeln und etwa 10 Minuten marinieren.

Den Apfel entkernen und fein raspeln. Zusammen mit gehacktem Knoblauch und den gewaschenen, zerzupften Kräutern zur Schwarzwurstmischung geben und gut unterheben. Mit Kümmel, Salz und Pfeffer abschmecken.

Die Salatblätter auf Tellern anrichten und mit dem restlichen Dressing beträufeln. Den Schwarzwurstsalat und die eingemachten Tomaten darauf verteilen. Nach Belieben mit Kräutern garnieren.

Bayerisches Tatar mit Landei auf geröstetem Bauernbrot und hausgemachtem Essiggemüse

Für den Sahnemeerrettich

10 g Meerrettich, frisch gerieben

Saft von ½ Bio-Zitrone

30 g Sahne, geschlagen

Salz

schwarzer Pfeffer aus der Mühle

Für das Tatar

400 g Rindertatar

Zucker

50 g Ketchup

10 g mittelscharfer Senf

10 g süßer Senf

5 g Meerrettich, frisch gerieben

30 g Essiggurken, gehackt

1 Msp. sehr fein gehackte rote
  Chilischote

1 TL edelsüßes Paprikapulver

5 g Kapern

1 EL Olivenöl

Salz

schwarzer Pfeffer aus der Mühle

1 Schalotte, abgezogen

3 EL Butterschmalz

4 Scheiben Bauernbrot

4 Bio-Landeier

4 Portionen Essiggemüse
  (siehe Grundrezept Seite 282)

Den geriebenen Meerrettich mit dem Zitronensaft beträufeln, anschließend mit der Sahne vermischen. Mit 1 Prise Salz und Pfeffer abschmecken und kühl stellen.

Für das Tatar das Fleisch in einer Schüssel mit 1 Prise Zucker bestreuen und kurz ziehen lassen. Ketchup, beide Senfsorten, geriebenen Meerrettich, Essiggurken, Chilischote, Paprikapulver und Kapern mit Olivenöl, Salz, Pfeffer und etwas Zucker in der Küchenmaschine pürieren. Zum Fleisch geben und vermengen. Die Schalotte fein hacken und unter die Fleischmasse mischen.

In einer Pfanne die Hälfte vom Butterschmalz zerlassen und das Bauernbrot darin rösten. Auf Küchenpapier abtropfen lassen.

Aus dem Tatar vier gleich große Pflanzerl formen. Das übrige Butterschmalz in der Pfanne zerlassen und die Pflanzerl darin von beiden Seiten kurz scharf anbraten, dann beiseitestellen.

In derselben Pfanne die Eier zu Spiegeleiern braten. Mit Salz und Pfeffer bestreuen.

Die Tatarpflanzerl auf einen Teller oder ein Brett setzen, etwas Sahnemeerrettich daraufgeben und zusammen mit den Spiegeleiern und dem Essiggemüse anrichten. Das geröstete Bauernbrot dazu reichen.

Gebackenes Bio-Wachsei mit Breznsalat, Gelbwurst und Bärlauchpesto

Für die Wachseier

4 große Bio-Eier
20 ml Weißweinessig
Salz
50 g Mehl
100 ml Milch
100 g Kaisersemmelbrösel
100 g Butterschmalz

Für den Breznsalat

4 Brezn
50 g Butter
20 ml Olivenöl
100 Perlzwiebeln, abgezogen
1 TL brauner Zucker
40 ml weißer Aceto balsamico
100 ml lieblicher Weißwein
Salz
schwarzer Pfeffer aus der Mühle
1 Stängel Thymian
½ junge Knoblauchknolle, abgezogen
100 g eingemachte Tomaten
  (siehe Grundrezept Seite 284)
200 g Gelbwurst, in dünne Scheiben
  geschnitten
abgeriebene Schale von 1 Bio-Zitrone
Kräuter, Feldsalatblätter oder Blüten
  zum Garnieren

Für das Bärlauchpesto

50 g Bärlauch, klein geschnitten
40 ml Olivenöl
20 g karamellisierte Walnüsse
  (siehe Grundrezept Seite 285)
Pfeffer aus der Mühle

Für die Wachseier 500 ml Wasser mit Essig und etwas Salz zum Kochen bringen. Mit einem Esslöffel einen Strudel rühren und ein aufgeschlagenes Ei mit dem Löffel langsam hineingeben. Etwa 3 Minuten pochieren. Mit einer Schaumkelle herausheben und beiseitelegen. Nach und nach alle Eier pochieren und erkalten lassen.

Für den Breznsalat die Brezn in schräge, etwa 5 mm dicke Scheiben schneiden. Die Butter in einer Pfanne zerlassen und die Breznstücke darin kross rösten. Auf Küchenpapier abtropfen lassen. Das Öl in der Pfanne erhitzen und die Perlzwiebeln darin glasig anschwitzen. Den braunen Zucker zugeben und leicht karamellisieren. Mit dem Essig ablöschen und mit dem Weißwein aufgießen, salzen und pfeffern. Den Thymian zugeben und alles einköcheln lassen. Die Perlzwiebeln mit etwas Sud in den Kühlschrank stellen. Den Knoblauch in feine Scheiben schneiden.

Für das Bärlauchpesto alle Zutaten in einen Mixbecher geben und mit dem Stabmixer zu einem Pesto pürieren.

Für die Wachseier Mehl, Milch und Semmelbrösel in separate tiefe Teller geben. Die pochierten Eier nacheinander zunächst im Mehl wenden, dann durch die Milch ziehen und schließlich in den Semmelbröseln wälzen. Das Butterschmalz in einer Pfanne zerlassen und die panierten Eier darin vorsichtig ausbacken.

Die Breznstücke in eine Schüssel geben, Perlzwiebeln und Knoblauch zugeben und vermengen. Auf einer Platte anrichten. Die gebackenen Eier darauflegen und die eingemachten Tomaten dazugeben. Die Gelbwurst ebenfalls anlegen. Zum Schluss den restlichen Perlzwiebelfond mit etwas Bärlauchpesto verrühren und alles damit nappieren. Den Zitronenabrieb darüberstreuen.

Die Eier mithilfe von zwei Gabeln in zwei Hälften aufreißen, damit das Eigelb ausläuft. Mit Kräutern, Salatblättern oder Blüten garnieren.

Wachsbohnensalat mit Bauernbrot

300 g Bohnenkerne aus etwa
 600 g Saubohnen (alternativ
 weiße Bohnenkerne)
Salz
300 g Wachsbohnen
je 2 Stängel Bohnenkraut und
 Petersilie
2 Knoblauchzehen
50 g gemahlene Haselnusskerne
6 EL Haselnussöl (alternativ ein
 anderes Öl)
3 EL Rotweinessig
1 EL süßer Senf
schwarzer Pfeffer aus der Mühle
150 g getrocknete Tomaten
 (siehe Grundrezept Seite 284),
 klein gewürfelt
8 Cocktailtomaten, geviertelt
4 Scheiben Bauernbrot oder
 4 Vinschgerl
frische Kräuter und Blüten

Die Bohnenkerne aus den Hülsen palen und in Salzwasser bissfest garen. In kaltem Wasser abschrecken. Anschließend die Kerne aus der Haut drücken.

Die Wachsbohnen putzen, die beiden Enden abschneiden und ebenso in kochendem Salzwasser bissfest garen. Anschließend in kaltem Wasser abschrecken. Eine Hälfte der Bohnen ganz lassen, die andere in etwa 1 cm lange Stücke schneiden.

Bohnenkraut, Petersilie und Knoblauch fein hacken und mit Haselnüssen, Öl, Essig und Senf verrühren. Zum Schluss mit Salz und Pfeffer abschmecken.

Wachsbohnen, Bohnenkerne und Tomatenwürfel mischen, mit der Hälfte des Dressings vermengen und etwa 15 Minuten ziehen lassen.

Die Brotscheiben auf Teller legen (Vinschgerl vorher quer halbieren) und den Salat darauf anrichten. Die Tomatenviertel dazulegen und alles mit dem restlichen Dressing beträufeln. Mit frischen Kräutern und Blüten bestreut servieren.

Wie eine weiße Leinwand

»In den Bombennächten des Zweiten Weltkriegs, als München ein staubiger Ort grauer Trauer war und die historische Altstadt zu 90 Prozent zerstört wurde, harrten die Müllergesellen in der Hofbräuhaus-Kunstmühle aus. Sie übernachteten sogar dort, um jeden kleinsten Schaden sofort reparieren zu können. Die Mühle musste weiterlaufen. Sie war die einzige, die standgehalten hat. Sie hielt München am Leben und ernährte die Stadt. Sie verstehen bestimmt, dass ich an diese Geschichte in letzter Zeit oft denken musste.«
Ort: Jakob Blum Hofbräuhaus-Kunstmühle, mitten in München

Eine Manufaktur-Mühle ist ein sehr filigranes Gebilde. Man fühlt sich wie im Inneren einer riesigen Kuckucksuhr. Eine verwunschene Welt mitten in München. Kein Wunder, dass an ihrer Spitze kein Koloss steht, sondern ein Feingeist. Stefan Blum sieht auf den ersten Blick eher aus wie ein Assessor, und das ist er auch. Der studierte Volljurist und Vater von sechs Kindern, gelegentlich ehrenamtlich als Arbeitsrichter engagiert, führte aber dann doch die Familientradition fort, die ihn schon in den Semesterferien nicht losließ – und heute gilt er als Münchens letzter Müller. Stefan Blum hat mir seine Geschichte erzählt und die Geschichte seiner Mühle. Beides könnte ich mir immer wieder anhören. Seine Produkte bekommen dadurch für mich einen zusätzlichen Wert, der über ihre außergewöhnliche Qualität hinausgeht. In der Kunstmühle, die rückwärtig an das Hofbräuhaus anschließt und 300 Jahre lang dessen Malz mahlte, als dort noch gebraut wurde, stellt Blum nämlich Mehle her, deren griffige Güte man heute kaum mehr findet:

in Dutzenden Sorten und Ausmahlgraden. Und um zu zeigen, was sie können, baute er auch gleich noch eine Backstube dazu. Für einige der ambitioniertesten Gastronomen und besten Pizzaioli Münchens sind seine Mehle und Backwaren wie eine Leinwand für ihre Kunst. Für mich auch. Ein aussterbendes Handwerk im Herzen der Stadt? Nein! Stefan Blums jüngster Sohn steckt gerade in der Ausbildung zum Müller.

Getreide hatte ich schon als Kind immer vor Augen, denn ich bin in Straubing aufgewachsen, dort, wo die fruchtbaren, weiten Ebenen des Gäubodens auf die sanft wogenden Hügel des Bayerischen Waldes treffen – und damit es nicht knirscht, die Donau durchfließt. Der Gäuboden gilt als die Kornkammer Bayerns und Straubing als sein Herz. Ein Paradies, in dem ich noch heute verwurzelt bin.

Bei Stefan Blum im Rücken des Münchner Hofbräuhauses knirscht auch nichts. Alles läuft geschmeidig

und bewusst langsam. Laut ist es schon, sehr laut, faszinierend aber auch. Schon auf dem Stadtmodell von 1570 ist die Mühle zu sehen. Heute sind die ältesten Mühlenteile, die acht Walzenstühle aus viel Holz und kräftigem Eisen, über 100 Jahre alt. Bis in die 1960er-Jahre wurden sie von Isarwasser angetrieben, aber mit dem Auflassen der Stadtbäche gaben viele Münchner Mühlen auf. Heute wird die Mühle mit Ökostrom betrieben, und der Verbrauch ist viel niedriger als bei neuen Maschinen. Lederriemen übertragen diese Kraft, weil ihre geschmeidige Flexibilität die Lager schont. Das ist wichtig, denn viele Ersatzteile gibt es nicht mehr, man muss sie folglich selbst bauen, und das machen Blum und seine Mannschaft auch. Die ganze Technik aus den verschiedenen Epochen greift ineinander wie ein Uhrwerk. Jedes Stück stammt aus der Zeit, als die Technik Blums Überzeugung nach das beste Ergebnis lieferte und noch das richtige menschliche Maß hatte.

Eine moderne Mühle am Stadtrand hätte auf den ersten Blick nur Vorteile. Sie wäre produktiver, leichter zu reparieren und viel stärker automatisiert. Man könnte sie auch viel einfacher beliefern und die schweren Mehlsäcke nach draußen verschicken als jetzt, wo sich Landwirte und Lieferwagen häufig frühmorgens durch die engen, vollgeparkten Gassen der Münchner Altstadt bis zur Neuturmstraße quetschen müssen. Aber diese Geschichte will Stefan Blum nicht erzählen, weil es nicht seine Geschichte ist. Seine Herangehensweise spricht ja für sich: Seine Mehle sind einzigartig, sie sind nicht kopierbar. Niemand kann so mahlen wie er. Und ich mag diese Sturheit, sie ist mir sehr nah, und sie wird Ihnen in diesem Buch noch öfter begegnen. Nennen wir sie freundlich: Eigensinn.

Wenn man schmecken will, was Stefan Blum will und kann, sollte man seine Brezn probieren. Eine Brezn wirkt lapidar, aber für das Oktoberfest ist sie elementar, wurde die Laugenbreze doch in München erfunden. 1839 war das, als der Münchner Bäcker Anton Nepomuk Pfannenbrenner das gewohnte Zuckerwasser mit Natronlauge verwechselte, die eigentlich zur Reinigung der Backbleche diente. So wurde die Laugenbreze geboren.

Die Wiesn war da gerade mal 29 Jahre alt, also noch ein junger Hüpfer und weit entfernt von der Rundumgaudi heutiger Ausprägung. Die Bavaria, die so erhaben über unser Käfer-Zelt wacht, war damals noch ein Gipsmodelltraum des Bildhauers Ludwig Schwanthaler. Großes Vergnügen war nur den allerhöchsten Honoratioren vergönnt: König Ludwig I. gab für die irische Tänzerin Lola Montez seinerzeit mehr Geld aus als für die 1844 eingeweihte Feldherrnhalle am Odeonsplatz. Erst 1880 floss Bier aus kleinen Buden auf dem Oktoberfest, ein Jahr später lockte erstmals der Duft einer Hendlbraterei. Und ein richtiges Festzelt, gleich ein mords Trumm mit 6000 Plätzen samt Blaskapelle, stand erst ab 1898 auf der Theresienwiese. Die Fläche, die er dafür brauchte, fünf Bierbudenplätze insgesamt, hatte sich der Nürnberger Wirt Georg Lang mittels fünf Strohmännern erschlichen. Amigos gab es also auch damals schon.

Eine gute Brezn ist für mich heute die Grundlage jedes Volksfestvergnügens, noch vor dem Bier und den großen Gerichten. Ein gutes Mehl, eine wirklich gute Laugenbreze sind für mich die Leinwand, auf die ich mein Bild vom weißblauen Wiesngenuss male. Die Brezn ist immer der Auftakt, mein Willkommensgruß, denn man sieht sie nicht nur, man riecht sie auch und spürt sie sogar, wenn man sie bricht, bevor man sie schmeckt. Da muss alles stimmen!

Es wird Sie jetzt nicht wundern, dass die Käfer-Brezn auf der Wiesn ständig frisch unter Stefan Blums Ägide gebacken werden. Ganz klar: Irgendeine Großbäckerei könnte uns mit dem kleinen Finger beliefern. Und günstiger ginge es wohl auch, aber Michael Käfer und ich haben im Laufe der Jahre Dutzende Brezen verglichen. Und machen das immer wieder mal. Doch die Blum-Brezn gewinnt immer. Sie schmeckt einfach in all ihren Facetten. Ja, es ist nur eine Laugenbreze. Kein Himalaya-Salz, kein Goldüberzug, kein Schnickschnack, nur eine Brezn. Nur gutes Mehl und Feingefühl, nicht mehr. Es gibt Menschen, die kommen nur dafür auf die Wiesn. Würde ich auch, doch ich bin ja schon da.

◆

Andreas Schinharl

Mein Weg

Vom Metzgerlehrling zum kulinarischen Weltenbummler

Mit einem seufzenden Krächzen erwachte mein Mofa morgens um halb fünf. Manchmal bellte ein Hund in der Ferne oder ein Hahn verlor erschrocken sein Zeitgefühl. Seitdem weiß ich: Am frühen Morgen ist die Nacht am kältesten. Ich war gerade 15 Jahre alt und hatte meine Metzgerlehre begonnen. Mein Weg führte mich knatternd vom Straubinger Ortsteil Ittling, einem eingemeindeten Bauerndorf, mitten ins Herz der Stadt zur Metzgerei Josef Naber. Auf diesen sechs Kilometern, den angeleuchteten Stadtturm vor Augen, konnte man die Jahreszeiten riechen. Das war schön. Denn beim Schlachten, Auslösen, Wursten und Brühen gab es nur eines: feucht und kühl. Daran denke ich auch heute noch oft, wenn ich mitten in der Nacht auf der Münchner Theresienwiese im Mondschatten der Bavaria stehe und auf meine Lieferanten für die Käfer Wiesn-Schänke warte. Obwohl Küchendirektor, mache ich das immer selbst, diese Begegnungen sind mir wichtig.

2006, als Küchenchef im VIP-Bereich des Berliner Olympiastadions während der Fußball-Weltmeisterschaft, hatten Michael Käfer und ich uns kennen- und schätzen gelernt. Dieses Vertrauensverhältnis besteht bis heute. Vorher war viel passiert: Im Restaurant Seethaler in Straubing, einem gehobenen bayerischen Gasthaus, hatte ich endlich Koch gelernt, davor war ich für die Koch-Arbeitszeiten ja angeblich zu jung. Gleich danach wechselte ich zu Peter Wimmer ins La Mirage, das erstmals eine Aura der Sterneküche nach Straubing brachte. Peter, einer meiner Mentoren bis heute, hatte sich seinen Feinschliff bei Heinz Winkler

im Tantris geholt und auch im Restaurant Boettners hatte er seine Spuren hinterlassen, jahrzehntelang ein Fixstern am Münchner Kulinarikhimmel. Er empfahl mich dessen Küchenchef Ernst Soldan und so kam ich erstmals beruflich in die Genusshauptstadt München: Wir jonglierten klassisch-französisch mit Kaviar, Trüffel, Gänseleber und Hummer satt. Die Großmarkthallen waren ein Paradies, die Frische überwältigend. München leuchtete. Konsequent führte mich mein Weg in das frankophilste Dorf Deutschlands, in die Gourmetgemeinde Baiersbronn zu Claus-Peter Lumpp ins Restaurant Bareiss, der bis heute drei Sterne für seine Haute-Cuisine-Küche hält.

Auf der MS EUROPA kochte ich mich einmal im Schiffsbauch um die Welt. Eine faszinierende und zehrende Zeit. Zurück in der Heimat plante ich mit der Konditorenfamilie Krönner ein neues Zelt auf dem Straubinger Gäubodenfest, immerhin das zweitgrößte Volksfest Bayerns, und verbrachte 15 Jahre lang zwei fabelhafte Sommerwochen damit. Bei Mathis Food Affairs in St. Moritz waren die Winter auf der Corviglia intensiv und die Produkte absolute Weltklasse. Im Sommer fuhr Reto Mathis mit mir auf internationale Gourmet-Festivals, und während andere Spitzenköche selbst glänzen wollten, liess er oft mich kochen und knüpfte Kontakte. Von ihm lernte ich, dass kulinarisches Netzwerken nichts mit Bussi-Bussi zu tun hat, sondern mit echtem Interesse. Heute teile ich mit ihm und Michael Käfer die gleiche Geisteshaltung: Meine Küche besteht aus Menschen. Sie sind die beste Zutat.

Suppen
& Eintöpfe

Bergkräuter-Heu-Suppe mit Saiblingsnockerln und Safran

Für die Suppe

500 ml Gemüsebrühe
  (siehe Grundrezept Seite 287)
500 ml Heumilch (z. B. Tegernseer)
1 Stängel Zitronengras
100 g frisches Bergheu
10 g getrocknete Kornblumen plus
  etwas mehr zum Garnieren
1 Stängel Zitronenthymian
50 g Butter
2 EL Mehl
100 ml trockener Weißwein
1 Bio-Zitrone
geriebene Muskatnuss
Salz
Pfeffer
abgeriebene Schale und Saft
  von ½ Bio-Zitrone
50 g Crème fraîche
3–4 Fäden Safran

Für die Saiblingsnockerl

200 g Saiblingsfilet
200 g Sahne plus etwas mehr bei Bedarf
Salz
Pfeffer
10 ml Pernod
10 ml Noilly Prat
1 Spritzer Zitronensaft

Zum Anrichten

Safranfäden
Dillblätter
Saiblingsrogen

Gemüsebrühe und Heumilch in einen Topf geben. Das Zitronengras etwas andrücken, dann mit Heu, Kornblumen und Thymian hinzufügen. Alles zum Kochen bringen und 20 Minuten ziehen lassen. Anschließend die Milchbrühe in eine Schüssel abseihen.

Für eine Mehlschwitze die Butter in einem Topf bei kleiner Hitze zerlassen, das Mehl einrühren und kurz anschwitzen, ohne dass das Mehl Farbe annimmt. Mit dem Weißwein ablöschen. Die Milchbrühe einrühren und köcheln lassen. Mit Muskat, Salz, Pfeffer, Zitronenabrieb und etwas Zitronensaft abschmecken. Zum Schluss mit Crème fraîche und Safran kräftig aufmixen.

Für die Nockerl den Saibling in kleine Würfel schneiden und für 10 Minuten in den Tiefkühler legen. Anschließend im Mixer grob zerkleinern, dann nach und nach Sahne, etwas Salz und Pfeffer, Pernod, Noilly Prat und Zitronensaft zugeben und alles zu einer lockeren Farce verarbeiten. Eventuell noch etwas Sahne zufügen, damit die Fischfarce luftig und locker wird.

Gut 2 l leicht gesalzenes Wasser in einen Topf füllen und zum Kochen bringen. Auf kleine Hitze stellen. Aus der Fischmasse mit zwei Esslöffeln schöne große Nockerl abstechen und vorsichtig ins heiße Wasser gleiten lassen. Bei leichter Hitze so lange ziehen lassen, bis sie nach einigen Minuten an der Oberfläche schwimmen.

Die Suppe in tiefe Teller geben, jeweils 2 Saiblingsnockerl in die Mitte setzen, etwas Saiblingsrogen daraufsetzen und mit ein paar Safranfäden und Dillspitzen garnieren.

Weißfischsuppe mit jungem Wurzelgemüse und Erdäpfelbrot

Für die Suppe

3 kg Weißfische (z. B. Brachse,
  Rotfeder, Nase, Aland)
500 ml Weißwein
500 g Gelbe Rüben
1 Knolle Sellerie
1 Stange Lauch
1 Metzgerzwiebel
3 Lorbeerblätter
10 schwarze Pfefferkörner
5 Wacholderbeeren
1 sehr reife Tomate (Ochsenherz)
10 g Dill
2 Knoblauchzehen, abgezogen
Salz

Für die Gemüseeinlage

1 Stange Staudensellerie,
  in 3 cm langen Stücken
10 junge Petersilienwurzeln
10 Fingerkarotten mit Grün
10 Mini-Navetten, halbiert
10 Radieschen, halbiert
3 Stangen Frühlingslauch,
  in 3 cm langen Stücken
50 g Cocktailtomaten
4 kleine milde Chilischoten
10 g grob gezupfter Dill

Zum Anrichten

rote Pfefferbeeren
frische Kräuter nach Geschmack
Erdäpfelbrot
  (siehe Rezept Seite 172)

Die Weißfische entschuppen, ausnehmen und sauber waschen. Die Fische trocken tupfen und mit einem scharfen Messer filetieren. Die Fischkarkassen in einen Topf geben und mit 2,5 l kaltem Wasser und dem Weißwein aufgießen. Grob geschnittenes Suppengemüse und Gewürze dazugeben und alles bei geringer Hitze 1 Stunde leicht köcheln lassen. Die Fischsuppe in einen sauberen Topf abseihen und mit Salz abschmecken. Erneut leicht erhitzen.

Die Fischfilets in etwa 2 cm große Würfel schneiden.

Das Gemüse für die Einlage waschen. Das Grün von Petersilienwurzeln und Fingerkarotten auf 2 cm zurückschneiden. Das Gemüse 5 Minuten in kochendem Wasser blanchieren und anschließend sofort in die leicht köchelnde Fischsuppe geben. Fischwürfel, Cocktailtomaten, Chilischoten und Dill hinzufügen und 5–10 Minuten ziehen lassen.

In tiefen Teller anrichten, mit den Pfefferbeeren und Kräutern bestreuen und heiß mit Erdäpfelbrot servieren.

Rindssuppe mit altbayerischer Milzwurst

2 Kalbsmilzen (1 Milz mit unbe-
  schädigter Außenhaut)
100 g gekochter Hinterschinken
  am Stück
50 g Pistazienkerne ohne Haut
2 Stängel Petersilie, gehackt
800 g Kalbsfarce
  (siehe Grundrezept Seite 292)
Salz
Pfeffer aus der Mühle
1 Schweinenetz, 24 Stunden
  gewässert (erhältlich beim
  Metzger)
1 l Rindssuppe
  (siehe Grundrezept Seite 286)
3 Stangen Frühlingslauch, in Ringen

Mit einem langen, biegsamen Messer vorsichtig eine Tasche in die unbeschädigte Milz schneiden, dabei die Außenhaut nicht verletzen und anschließend auswaschen. (Sie können die Milz auch vom Metzger vorbereiten lassen.) Die andere Milz 30 Minuten in Salzwasser kochen und in kaltem Wasser abkühlen lassen.

Die gekochte Milz und den Hinterschinken in etwa 1 cm dicke Würfel schneiden. Beides mit Pistazien und Petersilie unter die Kalbsfarce mischen. Mit Salz und Pfeffer würzen.

Das Schweinenetz ausbreiten, mit einem sauberen Geschirrtuch bedecken und mit einem Nudelholz trocken walzen. Das Tuch entfernen und die Kalbsfarce auf dem Schweinenetz verteilen. Alles zu einer Wurst zusammenrollen. Die Schweinenetzrolle vorsichtig in die eingeschnittene Milztasche schieben. Die gefüllte Milz mit Küchengarn verschnüren und in leicht gesalzenem Wasser etwa 45 Minuten leise köcheln lassen.

Die Milzwurst aus dem Wasser nehmen, das Küchengarn entfernen und die Wurst in Scheiben schneiden. In der heißen Rindssuppe mit Frühlingslauch bestreut servieren.

Versuchen Sie es mal mit dieser Variante:

Scheiden Sie die Milzwurst in 1,5 cm dicke Scheiben und braten diese in Butter goldbraun. Dazu ein bayerischer Kartoffelsalat – ein Gedicht!

Millirahmsuppe mit Kartoffelnockerln und Reherln

Für die Millirahmsuppe

2 Schalotten, abgezogen
½ Knoblauchzehe, abgezogen
75 g Butter
20 g Weizenmehl Typ 405
350 ml Rindssuppe
  (siehe Grundrezepte Seite 286)
350 g Sahne
350 ml Buttermilch
Salz
weißer Pfeffer aus der Mühle
frisch geriebene Muskatnuss

Für die Reherln

200 g Pfifferlinge
1 EL Sonnenblumenöl
1 EL Butter
1 Frühlingszwiebel, in feinen Ringen
Salz
schwarzer Pfeffer aus der Mühle

Für den Brandteig

70 ml Milch
50 g Butter
100 g Weizenmehl Typ 405
1 Msp. Backpulver
2 Bio-Eier
1 Eigelb

Für die Kartoffelnockerln

(Ergibt 500 g Kartoffelteig)
375 g mehligkochende Kartoffeln,
  geschält
Salz
weißer Pfeffer aus der Mühle
frisch geriebene Muskatnuss
1 EL Butter
½ TL Schnittlauchröllchen
frische Kräuter

Für die Millirahmsuppe die Schalotten und den Knoblauch fein hacken. Die Butter in einem Topf zerlassen und Schalotten und Knoblauch darin glasig anschwitzen. Das Mehl darübersieben und gleichmäßig rühren, bis eine glatte Masse entsteht und sich am Topfboden ein weißer Belag bildet. Vorsicht, nicht anbrennen lassen.

Mit der Rindssuppe aufgießen, aufkochen und so lange köcheln lassen, bis die Flüssigkeit eindickt. Dann die Sahne zugießen und nochmals aufkochen. Den Topf vom Herd nehmen und die Buttermilch mit einem Schneebesen oder Stabmixer unterrühren. Die Suppe auf dem Herd kurz erwärmen, aber nicht mehr kochen. Mit etwas Salz, Pfeffer und Muskatnuss abschmecken.

Die Pfifferlinge (Reherl) mit einem Geschirrtuch oder einem Pinsel säubern (nicht mit Wasser). Größere Pilze halbieren oder vierteln. Alle Pfifferlingsstücke sollten etwa die gleiche Größe haben. Das Öl in einer Pfanne erhitzen und die Pfifferlinge darin anbraten. Butter und Frühlingszwiebelringe zugeben, mit Salz und Pfeffer würzen und kräftig durchschwenken.

Inzwischen die Kartoffeln in leicht gesalzenem Wasser weich garen.

Für den Brandteig die Milch mit der Butter in einem kleinen Topf erhitzen und das gesiebte Mehl mit dem Backpulver auf einmal in die kochende Flüssigkeit geben. Die Masse mit einem Kochlöffel kräftig glatt rühren und abbrennen lassen, bis sich am Topfboden ein weißer Belag bildet. Den Topf vom Herd nehmen, die abgebrannte Masse etwas abkühlen lassen und Eier und Eigelb einzeln nacheinander unterrühren.

Die Kartoffeln abgießen und kurz ausdampfen lassen. Anschließend durch eine Presse in den Brandteig drücken und alles kräftig zu einem glatten Teig verrühren. Den Kartoffelteig mit Salz, Pfeffer und Muskat würzen und etwa 30 Minuten im Kühlschrank ruhen lassen.

Salzwasser in einem großen Topf zum Kochen bringen. Mit einem Esslöffel aus dem Kartoffelteig Nockerl abstechen. Mit dem Finger vom Löffel lösen und ins kochende Wasser geben. Die Kartoffelnockerl einmal aufkochen lassen, anschließend etwa 10 Minuten bei geringer Hitze ziehen lassen.

Die Butter in einer Pfanne erhitzen, bis sie hellbraun ist. Die Kartoffelnockerl mit einer Schaumkelle aus dem Wasser heben, etwas abtropfen lassen und in der heißen Butter anbraten. Mit Schnittlauch bestreuen und nochmals durchschwenken.

Die Millirahmsuppe in Suppentassen oder Teller füllen, dann Kartoffelnockerl, Pfifferlinge und frische Kräuter dazugeben.

Rana-Eintopf mit Weißwürsten

Für den Rana-Eintopf

500 g Rana (Rote Bete, rote Rüben)
10 g Kümmelsamen
Olivenöl zum Braten
1 Schalotte, abgezogen und gehackt
1 Knoblauchzehe, abgezogen und
  gehackt
½ Stange Staudensellerie, gehackt
1 Gelbe Rübe, gehackt
40 ml Obstler
1 l Gemüsebrühe
  (siehe Grundrezept Seite 287)
Salz
schwarzer Pfeffer aus der Mühle
brauner Zucker
200 g saure Sahne
20 ml Apfelessig
1 EL Worcestersauce
10 g frisch gehackter Estragon

Für die Weißwürste

6 Weißwürste
50 g Mehl
3 Bio-Eier
100 ml Milch
30 g süßer Senf
200 g Sauerteig-Semmelbrösel
50 g Butterschmalz

Die Rote Bete mit dem Kümmel in Salzwasser kochen. Anschließend schälen und in grobe Würfel schneiden. Etwas Olivenöl in einer Pfanne erhitzen und Schalotte, Knoblauch, Staudensellerie und Gelbe Rübe darin anschwitzen. Mit dem Obstler ablöschen und mit der Gemüsebrühe aufgießen. Mit Salz, Pfeffer und braunem Zucker würzen. Alles leicht köcheln lassen.

Die Weißwürste pellen und in etwa 1 cm dicke Scheiben schneiden, dann mehlieren. Die Eier mit Milch und süßem Senf verquirlen. Die mehlierten Weißwurstscheiben hineintauchen und anschließend in den Semmelbröseln panieren. Im Butterschmalz goldgelb backen.

Die Rote-Beete-Würfel in die Gemüsesuppe geben und die saure Sahne zufügen. Den Apfelessig hinzugeben und die Suppe einmal aufkochen lassen. Mit der Worcestersauce abschmecken und alles pürieren.

Den Eintopf auf tiefen Tellern anrichten und die gebackenen Weißwürste zugeben. Mit Estragon garniert servieren.

So gehts auch:

Für eine fleischfreie Variante wählen Sie als Einlage die Saiblingsnockerln von Seite 41 oder die Kartoffelnockerln von Seite 46.

Erbsensuppe mit Hackfleisch-Speck-Bete-Nockerl und Knoblauchchips

Für die Erbsensuppe

1 Zwiebel, abgezogen
1 Knoblauchzehe, abgezogen
Olivenöl zum Braten
½ Stange Staudensellerie
2 mittelgroße Gelbe Rüben, geschält
750 g frische gepalte Erbsen
 (alternativ TK-Erbsen)
1,5 l Gemüsebrühe
 (siehe Grundrezept Seite 287)
200 g mehligkochende Kartoffeln, geschält
100 g Sahne
1 Stängel Thymian
2 Stängel Petersilie
Salz
Pfeffer aus der Mühle

Für die Hackfleisch-Speck-Bete-Nockerl

300 g fein gewolftes Schweinefleisch
100 g fein gewolfter geräucherter Speck
Salz
Pfeffer
20 g Rote-Bete-Pulver
3 Bio-Eier
100 g Semmelbrösel

Für die Knoblauchchips

200 ml Sonnenblumenöl
10 Knoblauchzehen, abgezogen

Für den Erbseneintopf Zwiebel und Knoblauch hacken und in etwas Olivenöl glasig dünsten. Staudensellerie und Gelbe Rüben klein schneiden, mit den Erbsen zur Zwiebelmischung geben und kurz mitdünsten. Anschließend mit Gemüsebrühe aufgießen und alles etwa 30 Minuten leicht köcheln lassen.

Die Kartoffeln in etwa 1 cm große Würfel schneiden und in kaltes Wasser legen.

Für die Hackfleisch-Speck-Bete-Nockerl Schweinehack und Speck in eine Schüssel geben. Mit Salz und Pfeffer würzen. Das Rote-Bete-Pulver mit den Eiern verquirlen und etwa 5 Minuten quellen lassen. Anschließend mit den Semmelbröseln zur Fleischmasse geben und alles gut vermengen. Mit zwei Esslöffeln Nockerl formen und in Salzwasser bei leichter Hitze ziehen lassen. (Sie können auch etwas Rote-Bete-Pulver ins Wasser geben.)

Für die Knoblauchchips das Sonnenblumenöl auf etwa 160 °C erhitzen. Den Knoblauch in Stücke schneiden. Ins Öl geben und knusprig frittieren.

Die Erbsensuppe mit der Sahne aufgießen und mit dem Stabmixer fein pürieren. Die Kartoffelwürfel zugeben und im Eintopf weich köcheln. Die Kräuter hacken und zufügen, mit Salz und Pfeffer abschmecken.

Die Suppe auf tiefe Teller verteilen. Die Fleischnockerl aus dem Wasser heben und auf einem Geschirrtuch abtropfen lassen. In die Suppe geben. Den frittierten knusprigen Knoblauch darüberstreuen und nach Wunsch mit frischen Kräutern garniert servieren.

Partner Hirschzüchter Erwin Mauerer

◆

Andreas Schinharl

Zusammen gehen

Über Partner auf neuen Wegen

Kochen auf hohem Niveau hat viel mit Handwerk zu tun, aber noch viel mehr mit Logistik und Organisation. Während meiner Weltreise auf der MS EUROPA war monatelange Vorausplanung notwendig, um beste Zutaten für beliebte Klassiker und gleichzeitig eine authentische Regionalküche anbieten zu können. Denn der Genusshunger der Gäste war groß, der Platz in Küche, Keller und Kühlung jedoch klein.

Diese Erfahrung half mir, als sich die Familie Krönner, eine Straubinger Konditorendynastie, erfolgreich um ein Zelt auf dem Gäubodenfest beworben hatte – für viele ja das allerschönste Volksfest Bayerns. Wir begannen die Planung mit einem weißen Blatt Papier: für Zelt, Küche und Karte. Kaum Raum, aber große Ambitionen. Das Krönnerzelt sollte ein Schmankerl in jeder Hinsicht werden, und – mit Verlaub – das wurde es auch. Wir verließen die einst eingleisige Brezn-und-Bratwurst-Kulinarik und machten auch Standards besser: Mit meinem Hendl-Züchter Leonhard Groß entwickelte ich eine neue Würzmischung und ein Verfahren, die täglich frisch geschlachteten und gewürzten Hendl bereits fertig gespießt und hygienisch verpackt just in time grillfertig ins Zelt zu liefern. Das Ergebnis war saftig und kross und einfach unglaublich gut. Diese Frische schmeckte man. Ein großer Erfolg und ein Prinzip, das es dann auch auf die Wiesn schaffte. Schon damals war klar: Unsere Produzenten sind nicht einfach nur unsere Lieferanten, sondern Partner, die unsere Küche besser machen können, vielfältiger und typischer. Die kulinarische Handschrift beginnt beim Produkt.

Den Vertrauensvorschuss, den mir Michael Käfer entgegenbrachte, nutzte ich in zweierlei Hinsicht: Ich baute ihm die Küche der Käfer Wiesn-Schänke produktiver um und grenzte unsere Karte noch deutlicher von der anderer Festwirte ab. Nach dem Umbau hatten wir zum Beispiel deutlich mehr Grillstationen. Seitdem wird nicht mehr auf Vorrat gegrillt, sondern immer à la minute: Jedes Hendl, jede Käfer-Ente kommt absolut frisch auf den Tisch. Und unter den Oktoberfest-Zelten war unseres ja eines der kleinsten. Das sah ich als Vorteil für eine Exklusivität, die sich nicht plump über hohe Preise definiert, sondern über limitierte Stückzahlen. Also über Produkte, die so besonders gut und selten sind, dass es für die großen Zelte davon gar nicht genügend gibt. Ein langsam wachsender Huchen, ein eigens raffinierter Käse, im Maisfeld gemästete Gänse, all diese Genüsse brauchen zudem einen Vorlauf von einem Jahr oder länger. Michael Käfers Vertrauen gebe ich an meine Produzenten weiter, auf lange Sicht und während der Wiesn an jedem neuen Tag.

Spargel und Erdbeeren von Hans & Benedikt Gänger

Die Ernte am Ende der Nacht

»Alles, was nicht in der Zeitung steht, erfährt man heute über Social Media. Daran war noch längst nicht zu denken, als Hans Gänger Junior Ende der 1980er auf bescheidenen 1,5 Hektar mit dem Spargelanbau begann. Trotzdem sprach es sich schnell herum, wie gut dieser Spargel war. Wer Spargel wollte, fuhr zu den Gängers auf den Hof, und der Geschmack war sicherlich der Hauptgrund für seinen Erfolg. Es war aber auch schön zu beobachten, wie oft der Hof voller Autos und Menschen war, die ziemlich vergnügt warteten und anstanden, denn der Hof war auch voller Klatsch und Tratsch, den man bei uns »Ratsch« nennt. So gab es zur Spargelzeit sehr oft Spargel in unserer kleinen Welt, denn die Beilage zu einer schönen Portion Gänger-Spargel waren die allerneuesten Geschichten.«

Ort: Spargel und Erdbeeren Gänger, Niedermotzing

Der ehemalige Burgstallerhof gleich neben der Kirche im niederbayerischen Niedermotzing wirkt wie ein Monument bäuerlicher Stabilität. Doch bereits in den frühen 1970er-Jahren hat Hans Gänger Senior von Viehwirtschaft auf Gemüseanbau umgestellt. Ein großer Schritt. Und als sein Sohn Hans Junior vor über 30 Jahren von der Landwirtschaftsschule zurückkam, erkannte er das Potenzial im Spargel und begann mit 1,5 Hektar: Wer Gänger-Spargel wollte, musste schnell sein und früh dran. Heute bauen die Gängers Spargel auf über 100 Hektar an. Es gibt ihn an Marktständen, in Feinkostläden und Restaurants in ganz Bayern. Und mit Benedikt Gänger, der BWL und Gartenbau studierte und auch noch professionell Fußball spielt, klopft in der dritten Generation schon der nächste Innovator an die Tür. Bayern hat den höchsten Spargelverbrauch weltweit. Und das hat seinen Grund: Während grüner Spargel in seiner

Beliebigkeit rund um den Erdkreis fleißig exportiert und importiert wird, ist heimischer weißer Spargel ein Saisongemüse allerhöchster Qualität. Ein Weltklasse-Produkt, dem einzig französischer Spargel das Wasser reichen kann, der seinen würzigeren Charakter dadurch erhält, dass die Spargelköpfchen bereits vor der Ernte die Erde durchbrechen dürfen und sich im Licht leicht violett verfärben.

Unser heimischer weißer Spargel wird dagegen komplett in Erdwällen angebaut und bereits in aller Herrgottsfrühe, also im Morgengrauen, erstmals geerntet. Genauer gesagt, wird er mit dem Spargelmesser gestochen, also geschnitten, nicht gerissen. Nicht zu kurz, dann wäre es Bruchspargel, und auch nicht zu lang, damit man nicht den Wurzelstock erwischt. Ein Spargelmesser hält höchstens vier Stunden, dann wird es zu stumpf. Deshalb sind Spargelmesser farb-

lich markiert und jeder hat einen zweiten Satz dabei. Damit mit dem Spargel achtsam umgegangen wird und täglich geerntet werden kann, kümmert sich bei den Gängers jeder Spargelstecher um seinen Teil vom Spargelfeld, jeder betreut seine eigene Reihe.

Der frisch gestochene Spargel kommt dann sofort vom Feld in den Hof und in die Wasch- und Sortieranlage, wo im Wasserbad erst alle Erdreste entfernt werden und per Handsortierung die gebrochenen, krummen und verfärbten Exemplare aussortiert werden. Auf einem Förderband werden dann mit Kameraunterstützung Durchmesser, Länge und letztlich die Qualitätsstufen bestimmt. Der am frühen Morgen zuerst gestochene Spargel kommt noch am selben Vormittag in den Verkauf – und könnte bereits mittags bei Ihnen auf dem Tisch stehen.

Damit diese überragende Frische auch bei Ihnen ankommt, kann ich Ihnen nur raten: Kaufen Sie Spargel direkt am Hof oder auf einem hofeigenen Verkaufsstand, auf einem Bauernmarkt oder bei einem Gemüsespezialisten. Überall da, wo die Stangen offen liegen, sie ihn ganz sehen und er nicht vorgebündelt ist. Frischer Spargel quietscht, wenn man die Stangen aneinanderreibt. Seine Frische erkennen Sie auch an der durchgehend elfenbeinweißen Farbe und den geschlossenen Köpfen, die nicht rostig sein dürfen. Nehmen Sie ihn mit der Schnittfläche nach oben in die Hand und drücken Sie den Schnitt mit dem Daumen, um zu prüfen, ob er saftig ist. Bei vorgepacktem Spargel mit einer Manschette um die angeschnittenen Spargelenden, wie Sie ihn meist im Supermarkt bekommen, sehen Sie die Frische nicht und können sie auch nicht prüfen. Wenn Sie Pech haben, ist er trocken. Wenn Sie großes Pech haben, schimmelt er unter der Verpackung. Und der teuerste Spargel ist ja immer der, den Sie wegschmeißen müssen.

Die Gängers in Niedermotzing bauen schon immer andere Spargelsorten an als die meisten ihrer Nachbarn. Ältere Sorten, die langsamer wachsen und weniger Ertrag bringen, aber viel mehr Geschmack. Der Erfolg gibt ihnen Recht, seit Jahrzehnten wächst ihr Spargelabsatz. Das ist nicht überall so, und es ist auch ein Risiko, denn eine Erweiterung der Flächen braucht ziemlichen Vorlauf, erst nach vier Jahren bringt Spargel den vollen Ertrag. Acht bis zehn Jahre bleibt der Spargel auf dem Feld, dann bekommt der Boden eine Erholung, und es werden dort Erdbeeren angebaut. So traditionell die Sorten auch sein mögen, Spargel zu pflanzen ist heutzutage bei den Gängers hochgradig automatisiert: Mit GPS-Unterstützung geht das auf zwei Zentimeter genau. Auch für die Spargelernte, also das Stechen, gibt es in den Niederlanden mittlerweile eine vollautomatische und viele hunderttausend Euro teure Maschine, die angeblich Fingerfertigkeit durch künstliche Intelligenz ersetzt. Ha, das

möchte ich sehen! Ich habe mir das Spargelstechen von Benedikt Gänger zeigen lassen und war nicht nur nach einer Viertelstunde stehend k.o., ich weiß jetzt auch: Ein Feld zu pflegen und gekonnt zu stechen, ist eine Sache für Profis mit Know-how und wahnsinnig viel Fingerspitzengefühl. Da hilft keine künstliche Intelligenz, da hilft nur die Intelligenz weitsichtiger Bauern und ihre hemdsärmelige Professionalität sowie die Erfahrung und Loyalität ihrer oft schon seit Jahrzehnten in Lohn und Brot stehenden Erntehelfer.

Doch natürlich hält mit Benedikt, der neben Gartenbau auch BWL studiert hat, Hightech Einzug auf dem Hof. Er ist die dritte Generation, die neue Wege geht. Bei den Erdbeeren experimentiert er mit Folienhäusern, bei denen die Erdbeeren auf Substrat und auf Stellagen wachsen, also auf mehreren Ebenen. Das hat den Vorteil, dass er in Zukunft noch bessere und feinere Sorten anbauen kann, weil er nicht mehr auf

die Robustheit gegenüber Bodenkrankheiten achten muss. Bisher sind die Gänger-Erdbeeren sehr gut und der Spargel Weltklasse. In Zukunft sieht er beide Produkte auf diesem Niveau. Und er kommt damit der Nachfrage entgegen, heimische Erdbeeren von April bis Oktober anzubieten.

Auch beim Spargel kommt schon seit Längerem die Folie zum Einsatz, um die lichtempfindlichen Stangen zu schützen und die Spargelzeit früher beginnen zu lassen. Traditionell endet sie ja immer am Johannistag am 24. Juni. Danach darf der Spargel zu einem grünen Busch auswachsen und kann sich so den Sommer und Herbst über regenerieren. Als Genießer sehe ich eine Verlängerung der Spargelzeit eher skeptisch, denn ich freue mich umso mehr darauf, wenn ich etwas lange nicht gegessen habe.

Überhaupt ist der Trend beim Spargel nicht mein Freund, denn der geht hin zu immer dickeren Spargelstangen. Nun weiß ich aus Erfahrung, dass dickerer Spargel innen leichter holzig wird oder gar bei der Zubereitung aufplatzt, weil er innen hohl ist. Mir sind schlanke, weiße Spargelstangen am liebsten, zehn bis zwölf Millimeter dick. Ich gare ihn so, dass ich ihn noch abbeißen kann und er keine Fäden zieht, dass er also knackig bleibt, gewissermaßen al dente. In einem erfrischenden Salat ist das ein Traum. Neben den Rezepten, die ich Ihnen aufgeschrieben habe, sollten Sie auch Spargelgrillen einmal ausprobieren. Was für den grünen Spargel gängig ist, ist auch für den weißen eine gute Idee, weil seine leichte Süße und der Rauch so gut harmonieren. Spargel und Feuer bilden wirklich eine super Kombination!

Feines ohne Fleisch

Spargelpommes grün-weiß mit Bärlauch-Mayonnaise

Für die Spargelpommes

500 g grüner Spargel

500 g weißer Spargel
 (etwa 1 cm dick), geschält

200 g Tempurateig (Fertigmischung
 aus dem Asia-Shop)

5 g Wasabipulver

10 g Salz

brauner Zucker

500 ml kaltes Wasser

2 l Sonnenblumenöl

1 Bio-Zitrone, in Spalten

Für die Bärlauch-Mayonnaise

20 g frischer Bärlauch

250 ml Sonnenblumenöl

3 frische große Eigelbe

1 EL mittelscharfer Senf

1 EL Kräuteressig

Salz

brauner Zucker

1 EL Zitronensaft

schwarzer Pfeffer aus der Mühle

Die Knospen des grünen Spargels mit etwa 2 cm Stange abschneiden. Beide Spargelsorten in etwa 8 cm lange Stücke schneiden und längs halbieren.

Den Tempurateig in eine Schüssel geben und mit Wasabipulver, Salz, Zucker und Wasser zu einem dickflüssigen Teig anrühren.

Für die Mayonnaise den Bärlauch mit dem Sonnenblumenöl mixen. Eigelbe, Senf, Essig, je 1 Prise Salz und Zucker mit einem Handrührgerät aufschlagen. Anschließend das Bärlauchöl sehr langsam unter ständigem Rühren einfließen lassen und alles zu einer Mayonnaise schlagen. Mit etwas Zitronensaft und Pfeffer abschmecken.

Das Sonnenblumenöl auf 150–160 °C erhitzen. Die Spargelstücke in den Tempurateig tauchen und im Öl schwimmend goldgelb ausbacken. Auf Küchenpapier abtropfen lassen. Leicht salzen und mit Zitronensaft beträufeln.

Die Spargelpommes auf Tellern anrichten, die Bärlauch-Mayonnaise anspritzen und mit den Zitronenspalten servieren.

Meine Varianten

Auch sehr gut schmecken die ausgebackenen Röschen von Brokkoli, Romanesco oder Blumenkohl. Kleine Rosenkohlröschen sind mein heimlicher Favorit.

Spargel-Tomaten-Sülze mit Eier-Radieschen-Vinaigrette und Brezn-Croûtons

Für die Spargel-Tomaten-Sülze

600 g weißer Spargel, geschält
400 g Datteltomaten
1 Bund Frühlingszwiebeln, geputzt
400 g Datteltomaten
10 g Gelatine
8 g Agar-Agar
1 Schuss Kräuteressig
1 l Spargelfond
50 g frisch gehackte Petersilie

Für den Spargelfond

Spargelschalen
30 g Salz
20 g Zucker
2 Bio-Zitronen

Für die Vinaigrette

1 Schalotte, abgezogen
20 g Petersilie
200 g Radieschen, in Scheiben
1 EL grober mittelscharfer
   Senf
250 ml Apfelsaft
1 guter Schuss Olivenöl
250 ml Weißweinessig
1 Schuss Wasser
3 hart gekochte Bio-Eier, gehackt
Salz
Pfeffer
brauner Zucker
frische Kräuter
2 EL Kürbiskernöl

Für die Brezn-Croûtons

3 Brezn
50 g Butter
1 Knoblauchzehe, ungeschält
1 Stängel Thymian

Für den Spargelfond die Schalen mit 2 l kaltem Wasser in einen Topf geben. Salz, Pfeffer und etwas Zitronensaft zugeben und alles zum Kochen bringen. Die Schalen 10 Minuten ziehen lassen, dann den Fond in einen Topf abseihen.

Für die Sülze von den Frühlingszwiebeln die grünen Teile abschneiden, in Röllchen schneiden und für die Vinaigrette beiseitelegen. Die weißen Enden längs halbieren und mit den Spargelstangen im Fond al dente kochen. Alles im Kühlschrank auskühlen lassen.

Die Datteltomaten für 1 Minute in kochendes Wasser geben, in kaltem Wasser abschrecken und die Haut abziehen. Fruchtfleisch halbieren, Strunk und Kerne entfernen.

Die Gelatine in kaltem Wasser einweichen, kurz ausdrücken und zusammen mit dem Agar-Agar in 1 l Spargelfond rühren. Den Kräuteressig dazugeben und leicht erwärmen, bis sich die Gelatine gelöst hat. Abkühlen lassen.

Die Spargelstangen schräg in Scheiben schneiden. Tomaten, Frühlingszwiebeln, Spargel, Petersilie und ein paar Röllchen vom Frühlingszwiebelgrün in einer Schüssel mit dem Gelatine-Spargelfond vermengen. In eine Terrinenform oder in kleine Gugelhupfformen füllen und im Kühlschrank fest werden lassen.

Für die Vinaigrette Schalotte und Petersilie hacken und mit den Frühlingszwiebelröllchen, Radieschen, Senf, Apfelsaft, Olivenöl, Essig und Wasser vermengen. Die gehackten Eier vorsichtig unterheben. Mit etwas Salz, Pfeffer und Zucker abschmecken und im Kühlschrank ziehen lassen.

Für die Croûtons die Brezn in etwa 5 mm dicke Scheiben schneiden. Die Butter in einer Pfanne zerlassen und die

Scheiben darin goldgelb backen. Die Knoblauch-
zehe leicht andrücken und zusammen mit dem
Thymian in die Pfanne geben und mitschwenken.
Die Croûtons auf Küchenpapier abtropfen lassen,
Knoblauch und Thymian entfernen.

Die Form mit der Spargelsülze bis zum Rand ganz
kurz in heißes Wasser tauchen und dann auf einen
großen Teller stürzen. Die Vinaigrette angießen
und mit den frischen Kräutern dekorativ anrichten.
Mit dem Kürbiskernöl beträufeln und die Brezn-
Croûtons dazu reichen.

Hefetarte mit Ziegenfrischkäse, Frühlingslauch und Kirschtomaten

Zutaten für zwei runde Formen

Für den Hefeteig
30 g Hefe
500 g Mehl plus etwas mehr
  zum Bestäuben
250 ml lauwarmes Wasser
8 EL Olivenöl
Salz
Zitronensaft und
  grobes Meersalz zum Abschmecken

Für den Belag
500 g Ziegenfrischkäse
300 g Kirschtomaten, in Scheiben
10 g Zitronenthymian, Blätter abgezupft
2 Stangen Frühlingslauch, fein gehackt
8 EL Olivenöl
10 g Schafgarbenblätter, gewaschen
1 Spritzer Zitronensaft (nach Belieben)
Meersalz (nach Belieben)

Die Hefe in das Mehl bröseln. Wasser, Olivenöl und 1 Prise Salz zufügen und alles zu einem geschmeidigen Teig verkneten. Den Teig in eine Schüssel geben und mit Mehl bestäuben. Mit einem Geschirrtuch abdecken und 24 Stunden im Kühlschrank gehen lassen.

Den Backofen auf 220 °C vorheizen. Den Teig halbieren und auf einer mit Mehl bestäubten Fläche zu zwei etwa 7 mm dicken Fladen ausrollen. In die Formen legen und den Rand etwas hochziehen.

Den Teig mit zerbröseltem Ziegenkäse bestreuen oder – bei sehr cremiger Konsistenz – ihn damit bestreichen. Die Kirschtomaten gleichmäßig darauf verteilen. Den Zitronenthymian über die Tomaten streuen und die Tartes im vorgeheizten Ofen etwa 15 Minuten backen.

Den Frühlingslauch auf den Tartes verteilen, Olivenöl darüberträufeln und nochmals 5 Minuten backen. Die Tartes etwas abkühlen lassen, die Schafgarbe darauf verteilen und nach Belieben mit Zitronensaft und Meersalz verfeinern.

Eine Alternative

Sie mögen keinen Ziegenkäse? Kein Problem, ersetzen Sie ihn einfach durch Kuh- oder Schaffrischkäse. Auch die anderen Belagzutaten können Sie ganz nach Gusto variieren.

Kopfsalatherzen mit Tegernseer Bergkäse-Dressing, karamellisierten Äpfeln, Ribisel und Pumpernickel

Für den Salat

4 Kopfsalatherzen
2 Äpfel (Pink Lady)
30 g Butter
Zucker
20 ml Obstler
1 Bio-Zitronenspalte
40 g Ribisel
  (Rote Johannisbeeren)
2 Scheiben Pumpernickel

Für das Dressing

250 ml naturtrüber Bio-Apfelsaft
150 g Bergkäse, gerieben
40 ml Apfelessig
Salz
schwarzer Pfeffer aus der Mühle
Zucker
50 g Frischkäse
Milch (bei Bedarf)

Die Salatherzen waschen und abtropfen lassen.

Für das Dressing den Apfelsaft in einem Topf aufkochen, den Bergkäse dazugeben und unter Rühren schmelzen lassen, damit er nicht anlegt. Anschließend mit einem Stabmixer pürieren. Den Apfelessig zugeben. Alles mit Salz, Pfeffer und Zucker abschmecken und etwas abkühlen lassen.

Den Frischkäse einrühren und zu einem leicht cremigen Dressing rühren, bei Bedarf etwas Milch zufügen. Erneut abschmecken und in den Kühlschrank stellen.

Die Äpfel schälen und in je 12 Spalten schneiden. Die Butter in einer Pfanne zerlassen und die Äpfel darin glasig anschwitzen. 1 Prise Zucker darüberstreuen und karamellisieren lassen. Mit Obstler ablöschen und vorsichtig mit einem Feuerzeug flambieren. Mit etwas Zitronensaft beträufeln.

Den Strunk der Kopfsalatherzen herausschneiden, die äußeren Blätter abzupfen, die Mitte ganz lassen. Die Salatblätter auf Tellern verteilen, reichlich Käsedressing darübergießen und die Äpfel mit Sud anlegen. Ribisel und zerbröselten Pumpernickel darüberstreuen.

Sellerie im Salzteig mit Schwarze-Nüsse-Vinaigrette

Für den Sellerie

1 große Knolle Sellerie
100 ml Olivenöl
750 g Mehl
350 g Salz
350 ml lauwarmes Wasser
Kresse zum Garnieren

Für die Vinaigrette

100 g schwarze Nüsse
  (siehe Grundrezept Seite 285)
100 ml Gemüsebrühe
  (siehe Grundrezepte Seite 287)
1 EL Honig
50 ml weißer Aceto balsamico
2 Stängel Thymian, fein gehackt
1 TL rosa Pfefferbeeren
Meersalz
50 ml Olivenöl
abgeriebene Schale und Saft 1 Bio-Zitrone

Die ganze Sellerieknolle mit lauwarmem Wasser bedecken und 20 Minuten ruhen lassen. Anschließend mit einer Bürste säubern und abtrocknen. Den Sellerie mit dem Olivenöl einreiben.

Mehl, Salz und Wasser zu einem Salzteig verarbeiten. Den Teig etwa 1 cm dick ausrollen und den Sellerie darin einwickeln. Etwa 20 Minuten ruhen lassen. Anschließend den Sellerie etwa 5 Stunden im auf 150 °C vorgeheizten Backofen backen.

Für die Vinaigrette die schwarzen Nüsse fein hacken. Die Brühe kurz erwärmen und den Honig einrühren. Alles in eine Schüssel geben und den Essig zufügen. Thymian und Pfefferbeeren zugeben und das Ganze mit Salz abschmecken. Nach und nach das Olivenöl, dann Zitronenabrieb und -saft mit dem Schneebesen einrühren. Die Mischung einige Stunden im Kühlschrank ziehen lassen.

Mit einer dünnen Nadel testen, ob der Sellerie gar ist, er sollte sehr weich sein. Mit einem Brotmesser das obere Drittel des Salzteigs abschneiden, den weichen Sellerie auslösen, in Spalten schneiden und auf Serviertellern anrichten. Mit der Vinaigrette übergießen und mit etwas Kresse bestreut servieren.

So geht's auch

Falls Ihnen die Zubereitung im Salzteig zu umständlich ist, können Sie die Knolle auch im Römertopf zubereiten. Garzeit und Ofentemperatur bleiben gleich, Sie sollten nur daran denken, den Topf vorher unbedingt gut zu wässern!

Brennnessel-Kaspressknödel

8 altbackene Kaisersemmeln
100 g junger Emmentaler, gerieben
100 g Bergkäse, gerieben
abgeriebene Schale von 1 Bio-Zitrone
2 Bio-Eier
1 Zwiebel, abgezogen
1 Knoblauchzehe, abgezogen
250 ml Milch
500 g junge Brennnesselspitzen
Salz
Pfeffer
frisch geriebene Muskatnuss
2 rote Zwiebeln, in Ringen
1 l Gemüsebrühe
   (siehe Grundrezept Seite 287)

Die Semmeln halbieren, in dünne Scheiben schneiden und in eine größere Schüssel legen. Käse und Zitronenabrieb zur Semmelmasse geben. Die Eier kurz verquirlen und ebenfalls zufügen.

Zwiebel und Knoblauch fein hacken, in einen Topf mit der Milch geben und langsam zum Kochen bringen. Einmal kurz aufkochen und beiseitestellen.

Die Brennnesselspitzen auf ein Geschirrtuch legen, ein zweites darüberlegen und mit dem Nudelholz kräftig rollen. Dadurch werden die Blätter essbar. Anschließend die Brennnesseln in kochendem Salzwasser blanchieren. Die Blätter im Geschirrtuch ausdrücken, damit sie möglichst trocken sind. Jetzt fein hacken und zu den Semmeln geben. Die Zwiebel-Knoblauch-Milch darübergießen und alles zu einer lockeren Knödelmasse vermengen. Mit Salz, Pfeffer und Muskatnuss würzen. Aus der Masse Knödel drehen und diese anschließend zu etwa 2 cm dicken Pflanzerln formen.

Die Rindssuppe in einem weiten Topf erhitzen und die Kaspressknödel in die Suppe gleiten lassen, 15 Minuten sanft gar ziehen lassen. Anschließend vorsichtig aus der Suppe heben und in einen Suppenteller geben. Mit heißer Rindskraftbrühe aufgießen und mit Zwiebelringen dekorieren.

Omas Erdäpfelsterz mit eingemachten Radieserln und frittierten Radieserlblättern

Für den Erdäpfelsterz

500 g mehligkochende Kartoffeln,
  am Vortag gekocht und geschält
Salz
Pfeffer
frisch geriebene Muskatnuss
etwa 50 g Mehl
80 g Butterschmalz
100 g Sahne

Für die eingemachten Radieserl

600 g Radieschen mit Grün
50 g Kurkumawurzel, geschält
200 ml Apfelessig
300 ml Wasser
75 g brauner Zucker
10 g Salz
10 rosa Pfefferbeeren
100 ml Öl zum Frittieren

Für die eingemachten Radieserl das Grün etwa 2 cm vor der Knolle abschneiden. Das Grün sorgfältig waschen und abtropfen lassen. Die Radieschen in Weckgläser schichten.

Die Kurkumawurzel fein hacken. Essig, Wasser, Zucker, Salz, Kurkumawurzel und Pfefferbeeren in einen Topf geben und etwa 30 Minuten leicht köcheln lassen. Den Sud in die Weckgläser füllen. Gut verschließen und die Gläser in einem Topf mit Wasser einkochen. Die Gläser herausnehmen und auf den Kopf gestellt auskühlen lassen. Mindestens 24 Stunden ziehen lassen. (Ideal ist eine Woche, damit der Geschmack richtig zum Tragen kommt.)

Den Backofen auf 180 °C vorheizen.

Für den Erdäpfelsterz die Kartoffeln grob reiben, salzen, pfeffern und mit Muskat würzen. Das Mehl zugeben, vermengen und zwischen den Händen zu Streuseln reiben. In eine Reine füllen und das Butterschmalz zugeben. Den Erdäpfelsterz 30 Minuten im vorgeheizten Ofen backen. Nach etwa 15 Minuten die Sahne gleichmäßig darübergießen und 15 Minuten weiterbacken.

Die trockenen Radieschenblätter in Öl frittieren, bis sie knusprig sind. Auf einem Küchentuch abtropfen lassen.

Den gebackenen Sterz auf Tellern anrichten und die eingemachten Radieserl anlegen. Die frittierten Blätter darüber verteilen und alles mit etwas Radieschenfond übergießen.

Kässpätzle 2.0

Für die Kässpätzle

3 Bio-Eier
Salz
Pfeffer
frisch geriebene Muskatnuss
100 g Babyspinat, gehackt
50 g Belper Knolle (getrockneter
   Ziegenkäse)
500 g Mehl
1 EL Olivenöl
100 g Sahne
2 rote Frühlingszwiebeln, fein gehackt

Für die Ananastomaten

2 große Ananastomaten
Olivenöl zum Einfetten
Salz
Pfeffer
10 g brauner Zucker
abgeriebene Schale von 1 Bio-Zitrone
20 g Zitronenthymian, Blätter abgezupft

Die Ananastomaten in 1 cm dicke Spalten schneiden und auf Küchenpapier legen, etwas abtropfen lassen. Ein Backblech mit Olivenöl einstreichen. Das Blech salzen, pfeffern und mit 5 g Zucker bestreuen. Die Tomatenspalten gleichmäßig daraufsetzen und mit Salz, Pfeffer und dem restlichen Zucker bestreuen. Zitronenabrieb und Zitronenthymian darüber verteilen. 24 Stunden bei 50 °C im Backofen bei leicht geöffneter Backofentür trocknen.

Für die Kässpätzle die Eier in eine Schüssel geben. Salz, Pfeffer, Muskat und Spinat zugeben und 25 g Belper Knolle darüberreiben. Mit einem Stabmixer kräftig mixen.

Das Mehl in eine große Schüssel geben und eine Mulde hineindrücken. Die Eimasse zugießen und alles mit einem Holzkochlöffel zu einer luftigen Masse rühren. Den Teig etwas ruhen lassen.

Salzwasser in einem großen Topf zum Kochen bringen. Die Spätzle mit einem Spätzlehobel in das kochende Salzwasser hobeln. Wenn die Spätzle oben schwimmen, diese mit einer Schaumkelle herausnehmen und sofort in eine Pfanne mit dem Öl geben.

Die Kässpätzle leicht anbraten und die Sahne zugeben. Die Hälfte der roten Frühlingszwiebeln unter die Kässpätzle mischen.

Die heißen Kässpätzle in eine Reine und die getrockneten Ananastomaten darauf verteilen. Die restliche Belper Knolle darüberreiben und mit den übrigen Frühlingszwiebeln bestreut servieren.

◆

Andreas Schinharl

» *Je älter ich werde, desto einfacher koche ich.* «

Ein Gespräch über Kochen, Können und die Zeit

Andreas, hast du ein Credo? Ja, das habe ich tatsächlich. Gerd Käfer hat mir mal gesagt: Am Anfang bieten alle das Gleiche an. Deshalb müssen wir den einen entscheidenden Schritt mehr gehen. Den Schritt, der uns Kraft, Aufwand und Mühe kostet, und häufig auch viel Zeit – und der das außergewöhnliche Ergebnis bringt. Das habe ich mir gemerkt. Wer mit mir arbeitet, denkt auch so.

Gibt es sonst noch Regeln? Klar, Massentierhaltung kommt nicht infrage, aber das versteht sich von selbst. Wenn wir Tiere essen, muss uns bewusst sein, dass sie dafür sterben müssen. Dass sie bis dahin ein gutes, also artgerechtes Leben führen dürfen, ist für mich selbstverständlich. Und das sieht man doch auch auf den Bildern, die ich von meinen Züchtern mitgebracht habe. Nur so können daraus wertvolle Lebensmittel erwachsen, die schlussendlich auch gut für uns sind. Verträglich, bekömmlich und gesund. Das gilt für Fleisch und Fisch ebenso wie für Gemüse, Obst und alle Produkte, die wir daraus herstellen, sei es Käse, Milch oder Brot.

Deine Käfer Wiesn-Küche zeichnet sich durch Veredelung und Verfeinerung aus. Bei Dir kommen seltene Schinken oder Käse auf den Biertisch, für die es oft jahrelange Vorausplanung braucht und die es sonst nirgendwo gibt. Aber ein Grillhähnchen ist ein Grillhähnchen, da kann man nicht viel besser machen? Besser würzen kann man immer. Aber Verfeinerung ist das eine, übrigens eine sehr lange bayerische Tradition, denk nur an das Schwarzgeräucherte, Optimierung das andere. Ein Grillhendl wiegt optimal 1200 Gramm, weil dann Brust und Keule gleichzeitig gar werden und saftig bleiben. Ist das Huhn größer oder kleiner, fängt das Jonglieren an. Aber 1200-Gramm-Hendl bekommt man in der üblichen Hühnerzucht heute fast gar nicht mehr. Meine Grillhendl wiegen 1200 Gramm. Und so betrachte ich alle meine Gerichte, auch privat.

Wie kochst du privat? Auch nicht anders als beruflich, beides gern. Natürlich kommt es mit zunehmendem Alter zu einer Verfeinerung des Handwerks und einer wachsenden Intuition, die sich aus Erfahrung speist. Und die sagt mir, lass alles weg, was es nicht braucht, desto größer wird das Genusserlebnis sein, also Genuss und Erlebnis. Immer wieder erlebe ich erstaunte Reaktionen bei einem weitgehend unverfälschten Produkt, wie dem genannten Schwarzgeräucherten, das in meiner Heimat Gselchtes heißt. Auch Dry

Aging ist ja nur eine moderne Variante einer alten bayerischen Tradition. Und ich entdecke diese Traditionen gern wieder, weil sie sehr oft einfach wirklich gut schmecken.

Beim Spargel hast du davon gesprochen, ihn so zu kochen, dass man ihn abbeißen kann. Also vorsichtig mit der Hitze, lieber kurz und knackig? Nein, das ist mir als Kochphilosophie zu einseitig. Schau Dir das Produkt an, es kommt immer darauf an. Gemüse ist ein gutes Beispiel: Soll es Biss haben, braucht es den? Kann ich es veredeln, oder gehe ich lieber behutsam damit um? Ich liebe Gemüsepürees, damit holt man oft mehr Geschmack raus als mit nur kurz Blanchiertem. Andererseits ist meine Spargel-Tomaten-Sulz ein sehr erfrischendes Frühlingsgericht, das mit dem Spargelfond als Sulzenstand das Aroma nochmals intensiviert, wie eine Essenz, aber mit einer gewissen Leichtigkeit, die zum Spargel sehr gut passt.

Von der Essenz zur Sphäre ist es nicht mehr weit. Hast du Dich mit Molekularküche beschäftigt? Wie jeder Koch, der nicht auf Bäumen lebt, habe ich mich damit beschäftigt. Aber Molekularküche ist eine Laborküche, die den Gast erstaunt und herausfordert. Gut gemacht durchaus eine schöne Show. Könnte man sich inmitten des Oktoberfest-Ringelreihens wahrscheinlich gut vorstellen. Aber nix für mich. Meine bayerische Küche geht gern raus, die liebt Frischluft und braucht Raum. Eine Brotzeit im Gastgarten, eine Tafel auf der Terrasse, Grillen mit Freunden und Familie in der Natur – so stelle ich mir das vor. Freude ist wichtig, Lachen erlaubt. Ja, es stimmt schon: Je älter ich werde, desto einfacher koche ich. Wenn ein Gericht anrührt, macht mich das stolz. Ob es beeindruckt, ist mir egal. Und niemals, wirklich niemals, soll meine bayerische Küche anstrengend sein.

Also gekonnte Begleitmusik? Begleitmusik? Jetzt hör aber auf! Natürlich kommt es vor, dass mein Essen auf der Wiesn mal nebenbei weggeputzt wird, schließlich herrscht hier gute Laune, Ausgelassenheit, häufig Überschwang. Aber wenn die Leute innehalten – manchmal schon bei der Präsentation oder beim Betrachten des Brettls oder des Tellers, manch-

mal nach dem ersten Bissen –, dann bin ich zufrieden. Menschen, die über ihr Essen sprechen, bringen ihm den Respekt entgegen, den es verdient. Vor allem den Zutaten und den Produzenten, der Koch ist weniger wichtig. Mich freut es mehr, wenn ich gefragt werde, woher ich das habe, als, wie ich das gemacht habe. Ich bin Profi, das ist meine Aufgabe, natürlich kann ich gut kochen. Jeder in meiner Mannschaft kann das!

Die Virtuosität des Kochs kann man als gegeben voraussetzen? Virtuos, was ist das? Ich bin lieber neugierig als virtuos. Ich bin lieber hartnäckig als virtuos. Ich sehe das Gute in meinen Zutaten, das Gute in meinen Lieferanten, das Gute in meinen Gerichten – und das schon Monate, Jahre vorher. Ich koche immer im Kopf! Meine Vorstellungskraft ist meine Kreativität! Es ist ja nicht so, dass wir nicht 16 Tage lang immer wieder gehörig ins Schwitzen geraten würden auf dem Oktoberfest, aber die Grundlagen wurden eben schon vorher gelegt. 90 Prozent des kulinarischen Erfolgs stehen fest, wenn wir am ersten Samstag aufsperren.
Die Realität in der Käfer Wiesn-Küche sieht dann so aus: Meine Herausforderung ist es, auf engem Raum innerhalb eines kleinen Zeitfensters für Tausende von Gästen die bestmögliche Qualität überhaupt hervorzubringen, sie sichtbar und schmeckbar zu machen. Und das dreimal täglich. Da nehme ich den Schwung eines einzigartigen Produkts gern mit. Das ist ja schon 50 Prozent der Story und des Genusses, mehr Wertigkeit für alle Beteiligten, und mehr Wertschöpfung auch. Wenn Kochkunst dabei hilft, sehr gern, dann geben wir Vollgas! Aber meine Aufgabe ist es nicht, alles mit dickem Strich mit meiner Unterschrift zu versehen.

Michael Käfer erzählt gern, dass es in jedem Wiesn-Jahr Zutaten und ganze Gerichte gibt, deren Erfolg er sich nicht so recht vorstellen kann, auf die du aber stiernackig bestehst. Und sehr oft hast du recht ... Fast immer habe ich recht. Mir fällt gerade gar kein Beispiel ein, wann ich mal nicht recht gehabt haben sollte (lacht, schallend)! Aber im Ernst: Wir sollten nicht vergessen, was Käfer groß gemacht hat. Als die erste Käfer-Generation in den 1960er-Jahren im Zuge des Wirtschaftswunders

vom Pariser Großmarkt Rungis und bald aus der ganzen Welt das Beste vom Besten nach München holte, war das völlig neu, eine echte Sensation, Stadtgespräch, immer wieder. Lange her.
Heute ist das Ursprüngliche das Exotische. Das eigentlich Vertraute wird neu entdeckt, sei es das Produkt oder die Zubereitungsart. Ob unsere Zutaten heutzutage teurer sind als andere, kann ich gar nicht sagen. Mag sein, aber es spielt nicht die entscheidende Rolle. Wir investieren mehr Zeit und unsere Partner mehr Mühe. Wir sind auf lange Sicht loyal, über Trends und Moden hinweg. Wir kaufen nicht einfach ein, wir gehen diesen Weg gemeinsam. Das ist der Schritt mehr, von dem Gerd Käfer gesprochen hat.

Aber Jahre im Voraus planen? Und das ganze Jahr an die Wiesn denken, ist das nicht ermüdend? Ja und nein. Stell dir vor, du würdest ein Gericht wie ein Bild malen. Die Grundierung für die Leinwand braucht monatelang zum Trocknen, jede einzelne Farbe auch. Immer wieder legst du die Pinsel für längere Zeit zur Seite, die meisten davon machst du dir selbst. Immer wieder besuchst du das Pferd und nimmst ein klein wenig Rosshaar mit. Unbeirrbar das Bild vor Augen. Es bekommt die Zeit, die es braucht. Nach langem Erwachen ein paar letzte, feine Pinselstriche, dann gibst du das Bild aus der Hand. Hoffentlich macht es Freude!

Slow Food gab es in Bayern schon immer ... Zeit ist meine wirkungsvollste Zutat. Sie ist der Zauber, der uns ein Stück weit einzigartig macht. So arbeite ich auf der Wiesn und für die Wiesn. So verstehe ich bayerischen Hochgenuss. Das Zelt. Das Lachen und Leuchten und all die schrägen Lieder. Das ganze Drumherum und Tschingderassabum. Das ist dann nur noch der Rahmen. Die Zeit erzählt die Geschichte. Schmeckt es, ist es gelungen? Wir werden sehen.

Fischer in 14. Generation

»In meinem vorigen Buch habe ich Ihnen den Straubinger Flussfischer Johann Mayer vorgestellt, einen der letzten Berufsfischer auf der Donau. Diesmal nehme ich Sie zu dessen Nichte Katharina und ihrem Bruder Michael mit. Beide Familienzweige sind nicht nur Vollblutfischer mit einer Leidenschaft für die nachhaltige Aufzucht heimischer Arten, beide haben auch einen Stand auf dem Straubinger Gäubodenvolksfest mit fangfrisch zubereiteten Fischspezialitäten. Allen voran die Steckerlfische der Mayer-Familien. Sie sind so gut, dass ich bei der Konzeption meiner eigenen Speisekarte für das Gäubodenfest auf Fischgerichte verzichtet habe. In Volksfest-zelten darf man sich sein Essen ja – wie im bayerischen Biergarten – auch von außerhalb holen. Deshalb: Ehre, wem Ehre gebührt!«

Ort: Fischzucht Mayer, Straubing-Lerchenhaid

Die Geschwister Katharina und Michael Mayer sind Donaufischer und haben zudem eine große Zucht-anlage mit 13 Weihern und Becken in Lerchenhaid bei Straubing. Diese Kombination ist eine Seltenheit in der bayerischen Teichwirtschaft. Doch obwohl die beiden die Donaufischbestände in ihrem Revier immer wieder mit Jungfischen auffüllen, spielt das romantische Bild des am frühen Morgen durch die neblig-verwunschenen Donauauen tuckernden Alu-bootes, in das man die Netze und Reusen einholt, die man am Nachmittag zuvor ausgelegt hat, nur noch eine Nebenrolle. Bekannte heimische Edelfische wie Donauzander, Huchen, auch als Donaulachs bekannt, Hecht, Schleie oder gar Waller sind ein eher seltener Fang. Bei meinem Besuch ging ihnen eine kleine Aal-rutte ins Netz, die man auch als Quappe kennt, ein traumhaft schöner und wirklich exzellenter Speise-fisch, dessen feine Leber schon bei den Römern als Delikatesse galt. Obwohl ich selbst ein erfahrener

Fischer bin, hatte ich schon lange keine Aalrutte mehr in Händen gehalten und freue mich schon darauf, wie die beiden sie geduldig aufziehen werden.

Überhaupt fällt auf, wie breit sich die Mayers beim Futter und bei den Teichanlagen aufgestellt haben. Ein Berufsfischer hat es ja mit viel mehr Fischarten, also »Rassen« zu tun, als ein Rinder-, Schweine- oder Geflügelzüchter, der sich meist auf ein, zwei Rassen konzentriert und dementsprechend die Futtermi-schung und die Haltungsform darauf ausrichten kann. Michael Mayer hat mir dagegen seelenruhig erklärt, dass sie für jede Fischart das Futter eigens optimiert haben, weil man das einfach schmeckt. Und recht hat er! Auch die Teichanlagen sind mit speziell geplanten Zuläufen so gebaut, dass zum Beispiel Salmoniden-Arten wie Forelle oder Saibling wie Athleten in der Strömung stehen. So kommt die Aufzuchtumgebung einem natürlichen Bachlauf am nächsten.

Eine Qualität, die man sieht und die man auch als Laie erkennen kann: Die Forellen, Lachsforellen und Bachsaiblinge der Mayers sind wirklich wunderschöne Fische mit intakten Flossen, was auf eine artgerechte Haltung mit viel Platz hindeutet. Ist die Schwanzflosse allerdings nicht herzförmig, sondern rund, sind die Steuerungsflossen an der Brust verkümmert, klein oder abgefressen, dann kann man daraus schließen, dass derartige Fische eng auf Ertrag gezüchtet wurden. Und wer auf Ertrag züchtet, schert sich meist kaum um das optimale Futter. Das schmeckt man dann auch.

Auf ihrem Qualitätsweg bestärkt wurden die Mayer-Geschwister, seit sie nach dem frühen und jähen Tod des Vaters Michael Senior nicht nur einen Fisch-Hofladen in Lerchenhaid eröffneten, sondern zudem begannen, auf Wochenmärkte zu gehen und sich die direkte Resonanz ihrer Kunden zu holen. Seitdem wird bei den Mayers auch öfter geräuchert und ständig werden neue Veredelungen und Rezepte ausprobiert. Die Erkrankung des Vaters war der Moment, als Katharina, die frühere Verwaltungsfachkraft, ihrem Bruder zur Seite sprang und ihn seitdem nicht nur hinter den Kulissen unterstützt, sondern auch im täglichen Fischereigeschäft ihren Mann steht – das sei ohne jede schulterklopfende Altväterlichkeit gesagt – und dabei auch die schwerste Arbeit nicht scheut. Respekt! Wer das nicht glaubt, kann gern mal frühmorgens mit ihr auf die Donau hinausfahren und zusehen, wie sie 15 Pfund schwere Karpfen rausholt, die dann in den Becken in Lerchenhaid mit enorm viel Frischwasser und Geduld zu einer Delikatesse veredelt werden. Gemeinsam führen die beiden, die schon von klein auf

gefüttert, geangelt und auch geschlachtet haben, eine Familientradition fort, die bis ins frühe 18. Jahrhundert zurückreicht. In 14. Generation sind Katharina und Michael zurecht stolze Berufsfischer.

Was es in den Mayerschen Zuchtanlagen allerdings nicht gibt – außer dem aufgeregten Keschern mit kleinen Kundenkindern –, das ist die Möglichkeit des Privatangelns, die in anderen Regionen Deutschlands bereits die Hälfte oder mehr des Berufsfischerumsatzes ausmacht. Ich würde das ehrlich gesagt auch nicht verstehen, denn bei uns in Bayern gibt es über 200 natürliche und zahlreiche künstlich angelegte Seen. Dazu kommen Fließgewässer, also Flüsse und Bäche, mit einer Länge von über 100 000 Kilometern. In dieser Gewässerfülle leben heute noch rund 70 heimische Fischarten. Das ist nicht besonders viel, und deshalb erwarte ich von jedem Privatangler, dass er diese kennt und tierwohlgerecht mit ihnen umgeht. Die Sensibilität dafür zu schärfen und dieses Verhalten auch einzufordern, ist für mich die Aufgabe der Fischereivereine. Es gibt ja schließlich auch keine Spaß-Jagdreviere!

Damit die Berufsfischer den Fischereivereinen auf lange Sicht nicht ihre Klientel streitig machen, sehe ich aber auch die Vereine in der Pflicht – und die sind in den letzten Jahren eher auf Distanz zu den Berufsfischern gegangen. Während früher das Besatzgeschäft, also das jährliche Auffüllen der örtlichen Vereinsbestände mit Jungfischen, ein gesundes Fundament der Berufsfischerei war, kann sich darauf heute kein Berufsfischer mehr verlassen: Bayerns Fischereivereine schielen dafür allzu gern zur vorder-

gründig billigeren Konkurrenz nach Osteuropa. Das halte ich nicht nur aus Loyalitätsgründen für extrem kurzsichtig, sondern vor allem hinsichtlich der Fischqualität. Ein junger Zander, über den sich später wirklich jeder Angler freuen würde, wird im Osten ertragsorientiert mit Futterpellets aufgezogen. Geht schneller, kostet weniger. Doch ein Raubfisch, der nie das Jagen gelernt hat, verhungert später im Fischereivereinsweiher.

In meiner Familie, und meine Eltern hatten wirklich viele Geschwister, sind alle Donauangler. Auch ich nehme bereits meinen Sohn zum Fischen mit. Und so sehr ich den Gedanken mag, mir bei den Mayers mal schnell einen frischen Steckerlfisch zu holen oder das ganze Jahr über zu wissen, dass die Lachsforelle oder der Saibling wahrscheinlich noch lebten, als ich dafür ins Auto gestiegen bin: Wenn ich die Möglichkeit habe, entscheide ich mich gern für einen Wildfangfisch, entweder selbst geangelt oder von Profis wie Katharina und Michael oder deren Onkel Johann. Denn unsere bayerischen Fluss- und Seefischer nutzen meist Reusen, das sind kegelförmige Draht- oder Netzgeflechte, in die der Fisch wie in eine Art Trichter hineinschwimmt und nicht mehr herausfindet. Der Fischer sortiert dann aus, was er braucht und was von der Größe her passt, der Rest kommt unbeschadet ins Wasser zurück. Das ist für mich nachhaltige Fischerei, denn die Fischbestände werden geschont, und einen Beifang gibt es nicht.

Angeln ist natürlich weniger vorhersagbar. Während die meisten sich vor allem über stattliche Raubfische freuen, finde ich auch eine Flussbarbe interessant, denn die ist ein besserer Kämpfer als ein Hecht. Ihr Fleisch enthält viele feine Gräten, das ist auch bei den anderen gängigen Weißfischen wie Brachsen, Rotfedern, Nasen oder Karauschen so. Die Mayers machen

meist Fischwürste daraus, die früher traditionell zur Fastenzeit gereicht wurden. Privat genießen sie im Sommer auch gern eine erfrischende Weißfisch-Ceviche, aber das wäre Stoff für ein anderes Buch. Ich habe bei den Suppen meine Variante einer bayerischen Bouillabaisse mit Weißfischen aufgeschrieben, eine Grätenzange wäre da sicher hilfreich. Es geht aber auch viel einfacher – und manchmal sind die einfachsten Dinge die allerschönsten. Wenn Sie die Gelegenheit haben, dann putzen, würzen und mehlieren Sie die Weißfische gleich am Flussufer, am See oder am Weiher. Machen Sie sich ein Lagerfeuer, stellen Sie eine Bratreine mit Pflanzenöl in die Glut und lassen Sie den frisch frittierten Fisch kurz abkühlen, bevor sie ihn grob zerreißen. Die Gräten können Sie dann übrigens mitessen. Das ist urbayerisches Fingerfood, unvergesslich!

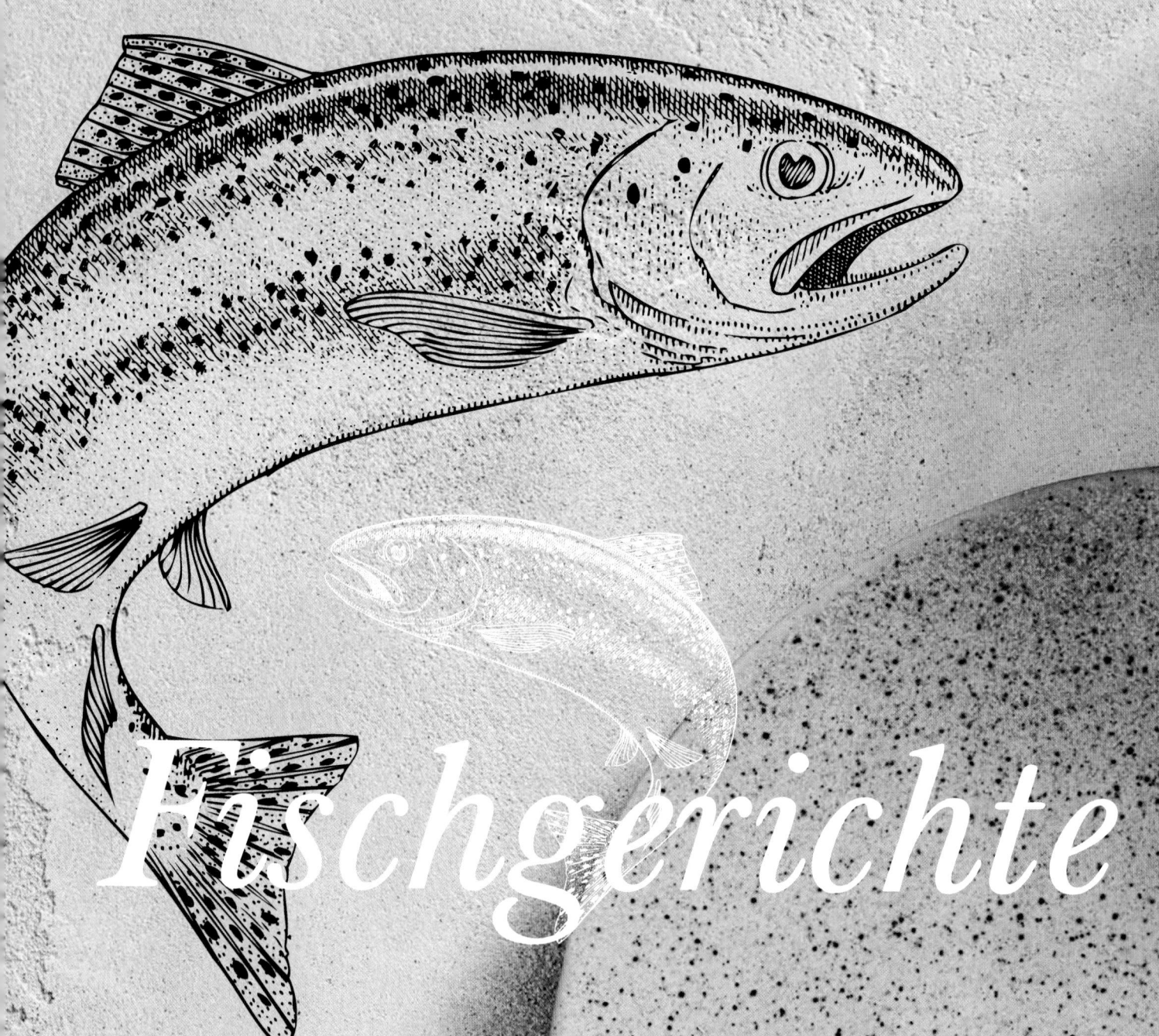

Fischgerichte

Frittierter Wildfangfisch

Zutaten für 4 Portionen

1 l Pflanzenöl
4 Weißfische (je nach Tagesfang
   Brachse, Rotfeder, Flussbarbe)
Salz
Pfeffer
Mehl zum Bestäuben
Zitronenspalten

Das Pflanzenöl in einer Bratreine auf 180 °C erhitzen.
Die Fische ausnehmen, entschuppen und alle 2 mm
einschneiden. Salzen, pfeffern und leicht mehlieren.
Im heißen Pflanzenöl knusprig ausbacken und auf
Backpapier abtropfen lassen.
Mit Zitronensaft beträufelt pur genießen.

Frittierte Lauben mit Zitronenmayonnaise und buntem Tomatensalat

Für die Lauben

etwa 20 Lauben (Ukelei)
500 g Frittierfett
Salz
50 g Mehl Type 550
1 Zitrone

Für die Zitronenmayonnaise

2 frische Eigelb
1 TL mittelscharfer Senf
Salz
Pfeffer
brauner Zucker
2 EL frischer Zitronensaft
1 EL Rotweinessig
250 ml Sonnenblumenöl
abgeriebene Schale von 1 Bio-Zitrone

Für das Dressing

100 ml Rotweinessig
100 ml Apfelsaft
100–200 ml Tomatensaft
  (siehe Grundrezept Seite 285)
1 TL mittelscharfer Senf
Salz
schwarzer Pfeffer aus der Mühle
brauner Zucker
100 ml Olivenöl

Für den Tomatensalat

1 grüne Tomate (Berner Rose)
1 schwarze Tomate (Indigo Rose)
1 rote Tomate (Ochsenherz)
1 gelbe Tomate (Ananastomate)
1 schwarz-rote Tomate (Cherokee Purple)
20 g Dill, leicht zerzupft

Für die Mayonnaise die Eigelbe in einen Schlagkessel geben, Senf, Salz, Pfeffer, Zucker, Zitronensaft und Rotweinessig zugeben und mit einem Schneebesen gut verrühren. Anschließend das Öl in dünnem Strahl unter kräftigem Rühren einarbeiten, bis eine cremige Mayonnaise entsteht. Den Zitronenabrieb dazugeben und abschmecken.

Für das Dressing Rotweinessig, Apfelsaft, Tomatensaft, Senf, Salz, Pfeffer und Zucker mit dem Pürierstab mixen und langsam das Olivenöl zugießen, abschmecken.

Für den Salat die Tomaten in gleich große Stücke schneiden und vorsichtig mit dem Dressing vermengen. 1 Stunde ziehen lassen.

Die Lauben mit einem scharfen Messer ausnehmen und den Kopf entfernen. Mit dem Messerrücken etwas entschuppen, gut waschen und auf Küchenpapier trocknen lassen.

Das Fett in einer Pfanne mit hohem Rand auf etwa 180 °C erhitzen. Die Fische salzen, im Mehl wenden, das überschüssige Mehl abklopfen und im Fett schwimmend schön kross frittieren, danach auf Küchenpapier abtropfen lassen.

Den Tomatensalat etwas abtropfen lassen und auf einem Teller schön bunt anrichten. Die Zitronenmayonnaise anspritzen oder in kleine Schälchen füllen. Die frittierten Lauben auf den Salat legen, mit Dillspitzen und Zitronenspalten garniert servieren.

Flussbarschfilet auf Roten und Gelben Beten mit Estragon-Sabayon und Salzzitronen

Für die Flussbarschfilets

etwa 8 Flussbarsche
250 g Mini-Rote-Bete
250 g Mini-Gelbe-Bete
30 ml Olivenöl
Salz
Pfeffer
1 TL brauner Zucker
30 g Butter

Für das Estragon-Sabayon

4 Eigelb (etwa 75 g)
10 g brauner Zucker
Saft von ½ Zitrone
Salz
Pfeffer
75 ml trockener Weißwein
25 ml Estragon-Essig
25 ml Fischbrühe
   (siehe Grundrezept Seite 288)
20 g Estragon, gehackt
10 g milder Savora-Senf

Salzzitronen
   (siehe Grundrezept Seite 280)

Die Flussbarsche filetieren, die Haut entfernen, waschen und die Filets zum Trocknen beiseitelegen.

Rote und Gelbe Beten waschen, putzen und trocken tupfen. Den Backofen auf 180 °C vorheizen. Die ganzen Beten auf ein Backblech legen, mit Olivenöl, etwas Salz, Pfeffer und braunem Zucker marinieren und etwa 20 Minuten im vorgeheizten Ofen weich backen.

Für das Sabayon Wasser in einem großen Topf zum Kochen bringen. Währenddessen in einer hitzebeständigen Schüssel die Eigelbe (noch ohne Hitze) mit Zucker, Zitronensaft und je 1 Prise Salz und Pfeffer schaumig schlagen. Weißwein, Estragon-Essig und Fischbrühe zufügen, die Schüssel auf den Topf setzen und die Eimasse im Wasserbad auf das 3-fache Volumen aufschlagen. Estragon und Savora-Senf unterheben.

Die Barschfilets etwas salzen und pfeffern und kurz in der Butter anbraten. Die Salzzitronen in feine Scheiben schneiden, leicht erwärmen und mit den Roten und Gelben Beten auf einem Teller anrichten. Die Barschfilets darauflegen und mit dem Estragon-Sabayon nappieren.

Stör-Speck-Roulade auf rahmigen Kaviarlinsen mit gelben Datteltomaten und Feigensenf

600 g Störfilet
250 g geräucherter Speck, in dünnen
 Scheiben
40 g Feigensenf
abgeriebene Schale von 1 Bio-Zitrone
Salz
50 g Butterschmalz
1 Knoblauchzehe, abgezogen
1 Stängel Rosmarin
1 Stängel Thymian
schwarzer Pfeffer aus der Mühle

Für die Kaviarlinsen
250 g Beluga-Linsen
1 Schalotte, abgezogen
1 Knoblauchzehe, abgezogen
1 Gelbe Rübe, geschält
½ Stange Staudensellerie
2 EL Butterschmalz
Salz
schwarzer Pfeffer aus der Mühle
brauner Zucker
20 ml Aceto balsamico
1 EL mittelscharfer Senf
200 ml Fischbrühe
 (siehe Grundrezept Seite 288)
5 g Sepiatinte
2 EL geschlagene Sahne

Für die Datteltomaten
200 g gelbe Mini-Datteltomaten
2 EL Olivenöl plus etwas mehr zum
 Beträufeln
Puderzucker zum Bestreuen
10 g Dill, zerzupft

Die Linsen mit kaltem Wasser bedecken und einige Stunden einweichen.

Den Stör in vier Stücke à 150 g schneiden. Den Speck gleichmäßig auf Backpapier auslegen und mit dem Feigensenf bestreichen. Die Zitronenschale über den Speck streuen. Die Störfilets leicht salzen, auf den Speck legen und vollständig darin einrollen.

Für die Kaviarlinsen Schalotte, Knoblauchzehe, Gelbe Rübe und Staudensellerie in feine Würfel schneiden. Das Butterschmalz in einer Pfanne erhitzen und das Gemüse darin leicht glasig andünsten. Die abgetropften Linsen zugeben und mitdünsten. Mit Salz und Pfeffer würzen, etwas Zucker zugeben und leicht karamellisieren. Mit dem Essig ablöschen, den Senf einrühren und mit Fischbrühe aufgießen. Alles leicht einköcheln lassen, bis die Linsen weich sind und die Flüssigkeit eingekocht ist. Die Tinte zugeben, abschmecken und die Sahne unterheben.

Den Backofen auf 200 °C vorheizen. Die Datteltomaten auf ein Backblech legen, mit dem Olivenöl bestreichen und mit Puderzucker bestreuen. 5 Minuten im vorgeheizten Ofen backen.

Das Butterschmalz in einer Pfanne erhitzen, Knoblauch und Kräuter kurz darin schwenken und wieder entfernen. Dann die Fischrouladen im aromatisierten Butterschmalz rundum anbraten und anschließend im Backofen bei 180 °C etwa 8 Minuten garen.

Die Linsen auf Teller geben. Die Fischrouladen schräg aufschneiden und auf die Linsen legen. Die Tomaten anlegen und mit dem Dill garnieren. Mit Olivenöl beträufeln und mit Pfeffer würzen.

Geräucherte Goldforelle mit Gurkenmarmelade, Brennnesselsalat und Dill-Meerrettich

4 Goldforellen

Fischmarinade für die Selbsträucherung

20 g Salz
2 Lorbeerblätter
4 Wacholderbeeren, zerdrückt
Dillstängel
750 ml Wasser

Für die Gurkenmarmelade

1 Bio-Salatgurke
1 große Schalotte (etwa 50 g), abgezogen
100 ml Weißweinkräuteressig
100 ml Weißwein
50 g brauner Zucker
1 EL Senfkörner
Salz
schwarzer Pfeffer aus der Mühle
5 g getrockneter Dill
½ mittelscharfe Chilischote
1 Prise Agar-Agar

Für den Dill-Meerrettich

1 kleines Bund frischer Dill, fein gehackt
50 g Meerrettich, frisch gerieben
abgeriebene Schale und Saft von 1 Bio-Zitrone
Salz
schwarzer Pfeffer aus der Mühle
125 g Sahne, geschlagen

frisch gezupfte Brennnesseln
Olivenöl und Zitronensaft
Blüten und Dillspitzen zum Dekorieren

Werden die Forellen selbst geräuchert, alle Zutaten für die Marinade kurz aufkochen, vollständig erkalten lassen und die Forellen darin 24 Stunden marinieren. Anschließend räuchern.

Für die Gurkenmarmelade die Salatgurke schälen, halbieren und die Kerne entfernen. Das Gurkenfleisch in feine Würfel schneiden. Die Schalotte ebenfalls in feine Würfel schneiden und mit Essig, Weißwein, Zucker, Senfkörnern, etwas Salz und Pfeffer, getrocknetem Dill und der Chilischote 10 Minuten leicht köcheln lassen. Die Gurkenwürfel und das Agar-Agar zugeben und alles etwa 10 Minuten leicht köcheln lassen, dabei etwas reduzieren. Die Chilischote herausnehmen und die Marmelade heiß in ein Glas füllen, verschließen, auf den Deckel stellen und erkalten lassen.

Von den frisch geräucherten Forellen Kopf und Schwanz abtrennen und die Fische halbieren, ohne die Rückenhaut durchzuschneiden. Alle Gräten vorsichtig mit einer Pinzette entfernen.

Dill, Meerrettich, Zitronenabrieb, Salz und Pfeffer mischen und vorsichtig unter die geschlagene Sahne heben. Die Masse auf die Innenseite der Forellenhälften streichen und den Fisch behutsam wieder zusammenklappen. Die Forellen auf Teller legen.

Damit die rohen Brennnesseln verzehrbar sind, nur die obersten Spitzen mit 4–6 jungen Blättern vorsichtig mit Handschuhen abzupfen und waschen. Die Brennnesselspitzen auf ein Geschirrtuch legen, ein zweites darüberlegen und mit dem Nudelholz kräftig rollen.

Die Brennnesselblätter mit einem Schuss Olivenöl, einem Spritzer Zitronensaft und einem Teelöffel Gurkenmarmelade vorsichtig marinieren und locker neben den Forellen anrichten. Einige Teelöffel Gurkenmarmelade rundherum verteilen und nach Belieben mit Blüten und Dillspitzen dekorieren.

Saiblingsmatjes mit gebackenen Erdäpfeln und Apfel-Gurken-Soße

Für die Saiblingsmatjes

8 Saiblingsfilets (à etwa 100 g)

1 l Wasser

80 g Salz

20 g Zucker

5 g Wacholderbeeren, angedrückt

2 Lorbeerblätter

5 g Senfkörner

abgeriebene Schale von je
  1 Bio-Orange und -Zitrone

Zesten von 1 Bio-Orange

100 ml Granatapfelsirup

Dillspitzen zum Garnieren

Für die Apfel-Gurken-Soße

1 Apfel

200 g Sauerrahm

100 g Essiggurken, fein gewürfelt

2 kleine weiße Zwiebeln, abgezogen

Salz

Zucker

Zitronensaft

Für die gebackenen Erdäpfel

2 große festkochende Kartoffeln
  (à etwa 400 g)

80 g Butterschmalz

Salz

schwarzer Pfeffer aus der Mühle

Die Saiblingsfilets waschen. Das Wasser mit Salz, Zucker, Wacholder, Lorbeer, Senfkörnern und Orangen-Zitronen-Abrieb in eine verschließbare Schüssel geben und kräftig schütteln, bis sich Salz und Zucker auflösen. Die Saiblinge aufrollen und darin einlegen. Mindestens 4 Tage beizen, dabei täglich umrühren. Die Orangenzesten in den Granatapfelsirup legen und ebenfalls marinieren.

Für die Soße den Apfel schälen und in 5 mm dicke Würfel schneiden. 1 Zwiebel fein hacken, die andere in Ringe schneiden. Apfelwürfel, Essiggurken, Zwiebelwürfel und die Hälfte der -ringe mit dem Sauerrahm verrühren. Mit 2 Prisen Salz, 1 Prise Zucker und 1 Spritzer Zitronensaft abschmecken.

Die Kartoffeln gründlich waschen, mit der Schale in etwa 1 cm dicke Stäbchen schneiden und bissfest blanchieren. Die Kartoffelstäbe trocken tupfen und in einer Pfanne mit dem Butterschmalz goldgelb ausbacken. Mit etwas Salz und Pfeffer bestreuen.

Die Apfel-Gurken-Soße auf Teller verteilen, die Kartoffelstäbe kreuz und quer darauf platzieren. Dazwischen die Saiblingsrollen setzen.

Die Orangenzesten, die vorher im Granatapfelsirup badeten, abtropfen lassen und dann zusammen mit dem Dill und den restlichen Zwiebelringen auf den Tellern verteilen.

Andreas Schinharl

Kronfleischküche

Meine Leidenschaft als Metzger

Unter Kronfleischküche versteht man eine Innereienküche, die sich bei unseren österreichischen Nachbarn als Aushängeschild der Küchenkultur etabliert hat, bei uns in Bayern fristet sie allerdings weiterhin ein Nischendasein. Die Skepsis überwiegt. Ich könnte ganze Fotobände mit den Grimassen füllen, wenn ich das Thema auch nur anschneide. Ganz grundsätzlich finde ich das schade und auch nicht besonders schlau. Die Tradition der bayerischen Innereienküche folgte ja keiner Laune, sondern einer Notwendigkeit. Wir leben nicht an der Küste, Fisch war früher rar, für die Gesundheit wichtige Fettsäuren nahm man durch Innereien zu sich, sie waren ein frühes »Nahrungsergänzungsmittel«. Und Fleisch war damals viel seltener, wertvoller und teurer. Nicht das ganze Tier zu verwenden, konnte man sich gar nicht leisten. Vom ausgeprägteren Respekt den Tieren gegenüber, weil man mit diesen gerade in meiner niederbayerischen Heimat auch häufig enger zusammenlebte, möchte ich gar nicht erst sprechen.

Als Metzgerlehrling war es für mich Alltag, die Ohren, Füße und Schwarten eines Schweines für einen guten Sulzenstand auszukochen. Verzehrbare Schweineohren habe ich danach höchstens noch als Teil eines kross gegrillten Spanferkels gesehen, bis ich auf der letzten Etappe des Jakobswegs nach Galizien kam. Dort sind gekochte Schweineohren neben dem Pulpo ein überall zu findendes Alltagsgericht. Sie werden dort richtig weich gekocht, damit die Flachsen geschmeidig werden, fein geschnitten und dann nur noch mit etwas Paprika verfeinert. Für meine Rezeptversion habe ich diesen Gedanken noch etwas weiterentwickelt und ein sehr traditionelles und weithin vergessenes Stück des Tieres in einen modernen, frischen Kontext gestellt. So stelle ich mir eine zeitgemäße Innereienküche vor: Sie muss nicht zwangsläufig üppig, dunkel und sämig sein.

Der Begriff Kronfleischküche stammt ja vom Muskelfleisch im Zwerchfell des Rinds. Und damit kommen wir zu einem entscheidenden Punkt. Wenn Sie selbst skeptisch gegenüber Innereien sind oder jemanden kennen, dem Sie mehr Zugänglichkeit wünschen, dann gönnen Sie sich bitte den einfachen Gedanken: Was, außer der Haut, ist denn bei einem Tier nicht »innen«? Ein Kotelett oder Filet ist auch innen. Viele der sogenannten Innereien, angefangen vom edlen Kalbsbries, das ich zu einem Strudel verarbeitet habe, sind viel seltener und interessanter als die gängigen Fleischstücke. Und häufig auch viel feiner. Zum Rinderherz finden Sie ebenfalls ein Rezept, denn ich mag

es sehr, weil es reines Muskelfleisch ist und extrem zart. Jäger übrigens, und die haben nun wirklich Ahnung von Fleisch, behalten traditionellerweise die Leber und die Zunge für sich.

Als Koch sind Innereien für mich ein Traum, denn dafür muss man häufig richtig gut kochen können. Und ich koche wirklich gern, auch privat. Wer meint, ein Käfer-Koch wäre ein toller Hecht, weil er mit feinsten Zutaten kocht, der findet so gesehen in einem einfachen Wirtshaus den oft besseren Koch, wenn dieser aus einer nicht so hochwertigen Fleischsorte mit Mühe und viel Zeit am Ende ein harmonisches Gericht zaubert. Ein Rinderfilet kann Ihnen jeder braten, das ist keine Kochkunst. Ob das Restaurant was kann, merken Sie dann daran, ob Sie auch wirklich gute Bratkartoffeln dazu bekommen, denn meist wird auf aromatische und geeignete Kartoffelsorten kein Augenmerk gelegt. Schnell gebraten, schnell gewürzt, fertig. Das ist mir zu wenig. Wenn ich meine Kochkunst zeigen will, dann präsentiere ich oft Gerichte wie Ochsenbackerl, bei denen ich durch die Zubereitungsart die Fleischqualität hervorheben, Soßen ansetzen und mit Knochen arbeiten kann. Das macht mir Freude!

Nun habe ich Ihnen im vorderen Teil dieses Buches die ganze Zeit erzählt, wie viel Wert ich auf wirklich herausragende Zutaten lege, weil man ihnen als Koch am besten einfach nur aus dem Weg geht und sie strahlen lässt. Und nun komme ich Ihnen mit Kochkunst? Es kommt eben immer darauf an. Wenn Sie nicht gern kochen oder auch nicht die Zeit dafür haben, dann kaufen Sie sich ausgewählte, sehr gute Produkte und Zutaten und bereiten Sie diese schnörkellos, aber behutsam zu, daran ist nichts Ehrenrühriges. Das Ergebnis wird gut sein, das bekommen Sie hin.

Das Etxebarri von Bittor Arguinzóniz im Baskenland ist eines der besten Restaurants der Welt. Bittor arbeitet dort seit über dreißig Jahren ausschließlich mit offenem Holzfeuer. Einer seiner vielen herausragenden Gänge sind die »Roten Garnelen«. Unglaublich frische rote Garnelen aus Palamos und ein Hauch Rauch. Keine Beilagen, keine Gewürze, nichts. Auch die ganz Großen gehen gern aus dem Weg ...

Bayerwaldrind von Alfons Gierl & Sepp Scheßl
Blut ist dicker als Bürokratie

»Alfons Gierl ist Fleischsommelier. Im Bayerischen Wald klingt das gleich ein wenig übergeschnappt. Aber weil er vorher schon dreißig Jahre lang Metzgermeister war, ist das für ihn und seine Kunden vor allem ein Ausdruck der Freude, der Freude am Fleisch. Gemeinsam mit seinem Schwager, dem Biobauern und Rinderzüchter Sepp Scheßl, hat der Hofmetzger der Höfermühle aus Geiersthal bei Teisnach sein Ideal vom Bayerwald-Beef Wirklichkeit werden lassen: Sie haben die Höfermühle und den Scheßlhof zusammengelegt und erzeugen nun auf behütetem Raum und mit kurzen Wegen Weideochsen aus Mutterkuhhaltung, bei denen das Tierwohl selbstverständliche Voraussetzung höchster Qualität ist. Ohne großes Tamtam und auf gar keinen Fall übergeschnappt.«

Ort: Hofmetzgerei Höfermühle & Scheßlhof, Geiersthal

Bereits seit 2006 hat Alfons Gierl einen Onlineshop, da hatten manche Landstriche im Bayerischen Wald noch nicht einmal brauchbares Internet. Und ich darf das sagen, denn ich stamme aus der Gegend und liebe sie sehr. Geschlossener Kreislauf in der Vermarktung, geschlossener Kreislauf in der Produktion, das ist seine Maxime. Bis dahin war es ein weiter und nicht immer leichter Weg: Schon als Kind sah Alfons Gierl seinem Vater bei der Arbeit als Viehhändler und Landwirt über die Schulter, nach der Schule machte er eine Metzgerlehre, die er mit Auszeichnung abschloss. 1989 verstarb der Vater mit 51 Jahren und seit dem gab es für Alfons nur noch eine Richtung: nach vorne. Erst übernahm er Landwirtschaft und Viehhandel, 1991 machte er seinen Metzgermeister, um sich vier Jahre später eine eigene Hofmetzgerei samt Schlachthaus und Hofladen in einer Gegend aufzubauen, die auf kaum einer kulinarischen Landkarte zu finden ist.

Alfons Gierl entwickelte sich mit unbändigem Fleiß, einem tiefsitzenden Wissensdurst und einer unaufhaltsamen Innovationsfreude zu einem der besten Metzger Bayerns, ohne dabei Tradition und Metzgerstolz zu vergessen. Diese Balance muss man können! Als er 2006 vor der Herausforderung stand, sein Sortiment stärker auf die Kundschaft im Umkreis auszurichten und sich ein Stück weit selbst zu beschränken, ging er seiner möglichen Kundschaft lieber entgegen und gründete einen Onlineshop. 2006! Seitdem bedient er beide: die Region mit Metzgerei und Hofladen und Genießer in ganz Bayern und darüber hinaus mit dem Shop. Wenn du es gut machst und innovativ bist, dann ist der unmittelbare Standort wirtschaftlich nicht entscheidend, das kann man daraus lernen. Seit zwei Jahren darf sich Alfons Gierl auch noch den Titel des Fleischsommeliers ans Revers stecken. Ein echter Könner, der niemals müde wird!

Dass die Hofmetzgerei Höfermühle sich dem allgegenwärtigen Metzgereiensterben in Stadt und Land erfolgreich entgegenstellt, liegt auch an der Familie: Dem Metzgermeister stehen sein Schwager, der Biobauer und Rinderzüchter Sepp Scheßl, und sein Neffe Chris Scheßl zur Seite, der selbst von Alfons ausgebildeter Metzgermeister und gleichzeitig begeisterter Landwirt ist, ein Tausendsassa! Zur Seite stehen kann man dabei durchaus wörtlich nehmen, denn die Bayerwaldrinder werden direkt neben der Metzgerei auf der Weide und im Offenfrontstall des Scheßlhofs aufgezogen. Falls nötig, werden junge »Fresser«, also Jungkühe zwischen fünf Monaten und einem Jahr, im Alter von ungefähr einem halben Jahr von Biobetrieben aus der Region zugekauft, die ebenfalls die einst traditionelle Mutterkuhhaltung praktizieren. Die bestmögliche Haltungsform, für die sich in Bayern gerade mal ein Sechstel aller Rinderzüchter entscheidet, und die ich mir beim Bio-Milchbauern Markus Berl noch genauer ansehen werde. Für die Mutterkuhhaltung kommen nur besonders langlebige und robuste Rassen infrage, wie die von den Scheßls bevorzugten Charolais- und Angus-Rinder, die Alfons Gierl – und auch mich – mit ihrem zarten und außerordentlich kräftig marmorierten Fleisch begeistern. Wenn ich mir ein Steak brate, sollte es roh immer wie Carrara-Marmor aussehen. Bei Alfons finde ich solch ein Fleisch in allerbester Güte.

Je enger die Familie, umso glücklicher die Tiere und desto besser das Fleisch? Das klingt nach einer recht simplen Formel, dafür muss schon sehr vieles glücklich ineinandergreifen – wie bei den Dreien von der Höfermühle. Meinen Respekt, was sie bereits gemeinsam bewegt haben! Nur beim Schlachten hakt es noch, der Erlaubnis für den Weideschuss laufen

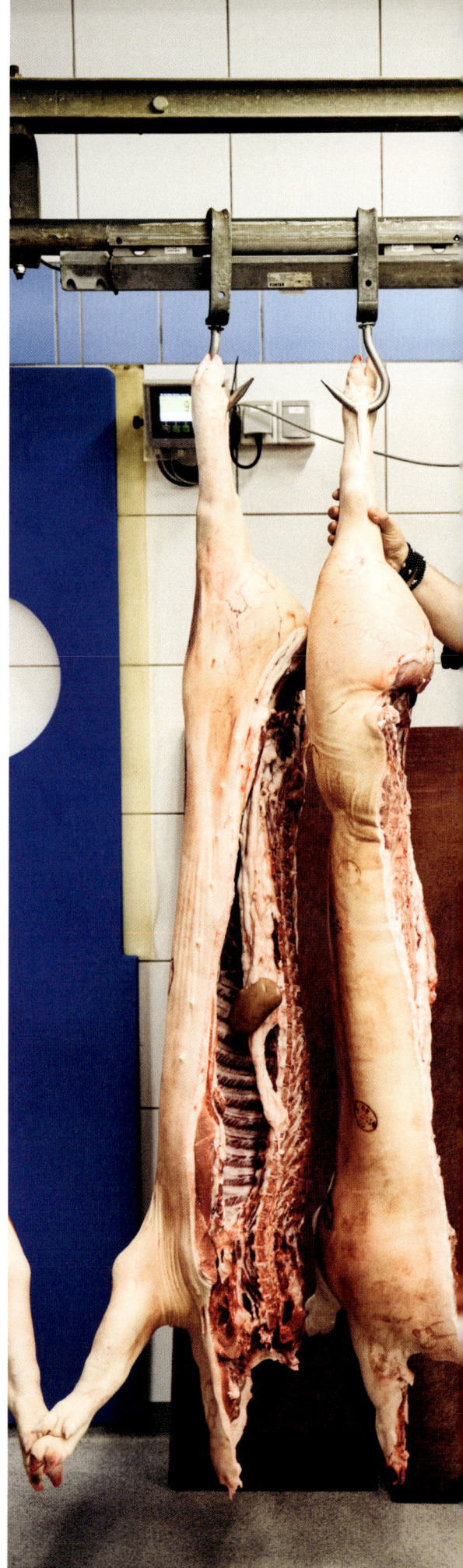

sie immer noch hinterher. Es spricht sehr viel dafür, die Rinder gekonnt direkt auf der Weide zu schießen, damit sie nach einem glücklichen Leben ohne jeden Transportstress einfach nur umfallen. Das hat nicht nur mit Geschmack zu tun, sondern noch viel mehr mit Respekt. Aber hier kämpfen Alfons Gierl und die Scheßls gegen lange eingeschliffene gesetzliche Vorgaben und die Windmühlen der EU-, Bundes- und Landesbürokratie, die immer noch auf Zentralisierung und besser kontrollierbare Großbetriebe ausgerichtet ist. Da gerät der kleine Genussproduzent auf dem Land, dem Tradition und Tierwohl genauso viel bedeuten wie der reine Ertrag, ganz schnell ins Hintertreffen. Ja, man braucht sehr gute Nerven und viel Geduld, um in Bayern auf tierfreundlich-ursprüngliche Weise das bestmögliche Lebensmittel zu produzieren. Neue Wege? Pustekuchen! Aber Zeit wird's!

Kulinarisch gehen Fleischexperten wie Alfons Gierl schon länger neue Wege: Veredelung gibt dem Rindfleisch den Stellenwert, den es verdient und macht es zu einem besonderen, bewussten Genuss – und so soll es ja auch sein. Wenn Alfons seine Dry-Aging-Schränke öffnet, dann sieht man sein ganzes Können als Metzger. Privat bitte nicht nachmachen, da habe ich schon bedauernswerte Dinge gesehen! Es spricht nichts dagegen, mal ein Rindersteak vakuumiert ein paar Tage im Kühlschrank nachreifen zu lassen. Aber Dry Aging, also das offene Trocknen, braucht die ganze Erfahrung der absoluten Meisterhand, da muss man sich auch als Metzger erstmal richtig reinfuchsen. Fleischcut, Luftfeuchtigkeit, Reifepilze wie beim edelsten Käse – da muss alles exakt stimmen!

Ich persönlich bin auch ein großer Freund der klassischen Wiener Rindfleischküche, die ja bei uns in Bayern viele Verwandte hat: Rinderbrust, Kronfleisch, Beinfleisch, mit Meerrettich und scharfem Senf, ach

herrlich, geht immer! Besonders gern nutze ich Fleischstücke, die kaum jemand auf dem Zettel hat. Deshalb habe ich Ihnen ein Rezept zum Fledermausstück aufgeschrieben. Ein Fledermausstück ist der Deckel des Schlossknochens. Überaus zarte und feinfaserige Fleischstücke, ungefähr von der Größe und dem Gewicht einer menschlichen Hand. Vorsichtig gekocht ziehen sie sich ganz leicht zusammen auf Bierdeckelgröße. Pro Rind gibt es davon nur zwei, auch Rinderfilets gibt es nur zwei. Und wenn man nun weiß, dass ein Rinderfilet im Schnitt um die vier Kilo wiegt, dann hat man mit den kleinen, feinen Fledermausstücken den wesentlich selteneren und exklusiveren Genuss vor sich. Guten Appetit!

Fleischgerichte

mit Kalb & Rind

Sautiertes Kalbsherz mit Grünkohlsalat, Gewürzbirnen und Granatapfelsirup

1 Kalbsherz (etwa 550–650 g)

30 g Butterschmalz

1 Stängel Thymian

1 Stängel Rosmarin

4 junge Knoblauchzehen mit Schale

Salz

Pfeffer aus der Mühle

4 EL Granatapfelsirup

Für die Gewürzbirnen

4–5 Birnen (Concorde, etwa 500 g)

500 ml Apfelsaft

1 EL Zitronensaft

1 Sternanis

½ Vanilleschote

1 kleine Zimtstange

1 EL brauner Zucker

3 Gewürznelken

Für den Grünkohlsalat

200 g junger Grünkohl (Keltenhof,
    speziell für Salat)

Für das Safran-Sauerrahm-Dressing

50 g Bio-Naturjoghurt

50 g Bio-Sauerrahm

3 EL Apfelessig

35 ml naturtrüber Apfelsaft

abgeriebene Schale von 1 Bio-Zitrone

1 TL Savora-Senf

1 TL brauner Zucker

Salz

Kurkumapulver

einige Safranfäden

1 EL Walnussöl

80 ml Sonnenblumenöl

Die Gewürzbirnen einige Tage im Voraus einkochen, damit sie schön durchgezogen sind. Dafür die Birnen schälen und in gleich große Spalten schneiden. Apfelsaft, Zitronensaft, Sternanis, Vanilleschote, Zimtstange, braunen Zucker und Nelken in einem Topf zum Kochen bringen und zu einem kräftigen Sud einkochen. Die Birnenspalten hineingeben, 3 Minuten mitkochen lassen und vorsichtig mit dem Sud in ein Weckglas füllen. Die Birnenspalten sollten nicht beschädigt werden. Das Weckglas verschließen, auf den Kopf stellen und abkühlen lassen. Einige Tage ziehen lassen.

Das Kalbsherz von Fett und Sehnen befreien, sauber waschen, halbieren und jede Hälfte in etwa sechs Scheiben schneiden. Mit Küchenpapier trocken tupfen und in den Kühlschrank stellen.

Den jungen Grünkohl mit kaltem Wasser sorgfältig waschen und abtropfen lassen.

Für das Dressing Joghurt, Sauerrahm, Essig, Apfelsaft und Zitronenabrieb in einem Mixbecher vermischen. Senf, Zucker, je 1 Prise Salz und Kurkuma sowie Safran hinzufügen und mit einem Stabmixer aufschäumen. Walnuss- und Sonnenblumenöl hinzumixen und abschmecken. Den Grünkohl mit etwas Dressing marinieren.

Die kalten Herzscheiben im Butterschmalz von beiden Seiten bei großer Hitze sehr scharf anbraten. Die Hitze reduzieren und Thymian, Rosmarin und Knoblauch zugeben. Die Herzscheiben bei niedriger Hitze rosa braten und mit Salz und Pfeffer würzen.

Die Kalbsherzscheiben auf Teller legen, den Grünkohlsalat daneben anrichten und die Gewürzbirnen anlegen. Das restliche Dressing schaumig aufmixen und löffelweise über den Grünkohl geben. Granatapfelsirup dekorativ darüberträufeln. Nach Wunsch die gebratenen Aromazutaten ebenfalls auf die Teller legen.

Gefülltes Kalbskotelett mit Kletzen-Feigen-Füllung, Erdäpfelgugelhupf, Gelbe-Rüben-Püree und Senfrahmsoße

50 g Kletzen (getrocknete Birnen)
50 g getrocknete Feigen
40 ml roter Portwein
abgeriebene Schale von 1 Bio-Zitrone
Salz
etwas Kerbel, gehackt
4 Kalbskoteletts (à etwa 350 g)
Butterschmalz zum Braten

Für das Gelbe-Rüben-Püree
500 g Gelbe Rüben, geschält
1 Schalotte, abgezogen
50 g Butter
brauner Zucker
Saft von 1 Bio-Zitrone
125 ml Karottensaft
Salz

Für den Erdäpfelgugelhupf
500 g mehligkochende Kartoffeln
Salz
2 Eigelb
Pfeffer
frisch geriebene Muskatnuss
20 g Butter plus etwas mehr
   für die Formen

Für die Senfrahmsoße
30 g Butter
brauner Zucker
30 ml Rotweinessig
250 ml Kalbssoße
   (siehe Grundrezept Seite 291)
50 g grobkörniger mittelscharfer Senf
100 g Sahne

Getrocknete Birnen und Feigen in etwa 5 mm große Würfel schneiden, in einen Topf geben und mit dem Portwein zum Kochen bringen. Vom Herd nehmen und quellen lassen. Den Zitronenabrieb und 1 Prise Salz dazugeben. Idealerweise 24 Stunden marinieren, bis die Früchte die gesamte Flüssigkeit aufgenommen haben. Dann den Kerbel in die erkaltete Masse rühren.

Die gelben Rüben würfeln, die Schalotte fein hacken. Die Butter in einer Pfanne zerlassen und die Schalotte darin anschwitzen. Die Rübenwürfel zugeben und ebenfalls anschwitzen. 1 Prise braunen Zucker hinzufügen und leicht karamellisieren, dann mit Zitronensaft und Karottensaft ablöschen. Das Ganze etwas einkochen lassen, leicht salzen und dann pürieren.

Für den Gugelhupf die Kartoffeln in kochendem Salzwasser garen. Den Backofen auf 100 °C vorheizen. Die Kartoffeln pellen, vierteln und 20 Minuten im Ofen ausdampfen lassen. Sie sollten richtig trocken sein. Durch eine Kartoffelpresse drücken und anschließend durch ein Sieb streichen.

Eigelbe, Salz, Pfeffer und Muskat zügig in die Kartoffelmasse einrühren, die Butter unterheben und die Kartoffelmasse kalt stellen. Den Backofen auf 160 °C vorheizen. Kleine Gugelhupfformen buttern, die kalte Masse hineinfüllen und im Ofen 35 Minuten goldgelb backen.

Den Knochen der Kalbskoteletts putzen, abschaben und alle Knochenteile bis auf den Stielknochen ablösen. Mit einem Messer vorsichtig von unten eine Tasche in jedes Kotelett schneiden und die Kletzen-Feigen-Füllung hineingeben, vorzugsweise mit einem Spritzbeutel mit großer Tülle. Die Öffnung mit einem Zahnstocher verschließen. Die Koteletts im Butterschmalz anbraten und rosa braten. Anschließend noch 10 Minuten bei 120 °C im Ofen ziehen lassen.

Für die Senfsoße die Butter in einer Pfanne erhitzen und 2 Prisen braunen Zucker darin leicht karamellisieren. Mit dem Rotweinessig ablöschen, Kalbssoße und Senf zugeben, alles glattrühren und etwas einkochen lassen. Zuletzt die Sahne zugeben, aufkochen lassen und mit einem Stabmixer gut mixen.

Zum Anrichten die Gugelhupfe vorsichtig aus der Form lösen. Das Gelbe-Rüben-Püree auf Tellern platzieren und die Gugelhupfe danebensetzen. Die Koteletts jeweils schräg halbieren und die Hälf-ten auf die Teller legen. Das Fleisch mit der heißen Soße nappieren und nach Wunsch mit frischen Karottenblättern garniert servieren.

Kalbsbeuschel mit Hefeknödeln und Wurzelgemüse

Für das Beuschel

500 g Kalbsniere
250 g Kalbsherz
250 g Kalbslunge
1 Knolle Sellerie
2 Gelbe Rüben
1 Stange Lauch
250 ml Weißwein
1 große Metzgerzwiebel
2 Lorbeerblätter
5 Wacholderbeeren
5 g getrocknete Kräuter der Provence
Salz
10 schwarze Pfefferkörner
10 g Zucker

Für die Soße

1 große Gelbe Rübe, geschält
1 Stange Staudensellerie
2 Schalotten, abgezogen
100 g Essiggurken
50 g Butter plus etwas mehr zum
   Anschwitzen
30 g Mehl Type 405
1 l Gemüsebrühe
   (siehe Grundrezept Seite 287)
500 ml Kalbssoße
   (siehe Grundrezept Seite 291)
40 ml Weißweinessig
1 TL mittelscharfer Senf
Salz
Pfeffer
125 g Sahne
100 g Sauerrahm
5 g frischer Majoran
frische Kräuter nach Wunsch

Für die Hefeknödel

250 ml Milch
1 Würfel Hefe
500 g Mehl Type 550 plus
   etwas mehr zum Bestäuben
1 Bio-Ei
Salz

Niere, Herz und Lunge zuschneiden und putzen, das Wurzelgemüse grob schneiden und alles in einen Topf geben. Weißwein, Zwiebel, Lorbeer, Wacholder, Kräuter der Provence, Salz, Pfeffer und Zucker zufügen und mit kaltem Wasser aufgießen, bis alles gut bedeckt ist. Zum Kochen bringen, dann die Hitze reduzieren und leicht köcheln lassen. Das Fleisch abhängig vom Garpunkt herausnehmen: zuerst Niere, dann Lunge und zuletzt Herz. In kaltem Wasser abkühlen lassen. Den Sud in einen Topf abseihen und auf etwa 1 Liter Flüssigkeit einkochen. Die Innereien in feine Streifen schneiden.

Für die Soße das Beuschel Gelbe Rübe, Staudensellerie und 1 Schalotte in etwa 3 mm dicke Scheiben schneiden. Das Gemüse etwa 5 Minuten in Salzwasser kochen und abgießen. Zur Seite stellen.

Essiggurken längs vierteln oder in schmale Streifen schneiden. Die andere Schalotte in feine Würfel schneiden.

Die Butter in einer Pfanne erhitzen und die gewürfelte Schalotte darin glasig dünsten. Das Mehl zugeben und kurz anschwitzen, bis es eine leicht bräunliche Farbe hat. Mit Gemüsebrühe und Kalbssoße aufgießen und etwas einkochen lassen, dann mit Essig, Senf, Salz und Pfeffer würzen. Die Sahne zugeben und mit einem Stabmixer kurz aufschäumen. Die Innereienstreifen, Essiggurken, den Sauerrahm und den gehackten Majoran in die Soße geben. ——>

Für die Knödel die Hälfte der Milch lauwarm erhitzen, die Hefe zufügen und kurz gehen lassen. Das Mehl in eine große Schüssel geben und restliche Milch, Ei, 1 Prise Salz und die aufgegangene Hefe unterrühren. Anschließend den Teig so lange mit einem Holzlöffel schlagen, bis er Blasen wirft. Dann etwas mit Mehl bestäuben und mit einem Geschirrtuch abdecken. An einem warmen Ort auf das doppelte Volumen aufgehen lassen.

Den aufgegangenen Teig auf einer bemehlten Fläche gut durchkneten. Je die Hälfte des Teigs zu einem großen Knödel formen und nochmals abgedeckt 20 Minuten gehen lassen. 2 Liter gesalzenes Wasser zum Kochen bringen. Die großen Knödel zu Rollen von 6 cm Durchmesser formen und sofort in das kochende Wasser geben. Abdecken und 15–20 Minuten sanft köcheln lassen.

Die Knödel herausnehmen, auf ein Geschirrtuch legen und mit einer Gabel etwas einstechen, dann mithilfe eines langen Küchengarns etwa 2 cm dicke Scheiben abtrennen.

Zum Servieren das Beuschel erhitzen und das gegarte Gemüse kurz in etwas Butter anschwitzen.

Beuschel in tiefe Teller geben, die Hefeknödelscheiben daraufsetzen, das Gemüse darüber verteilen und mit den frischen Kräutern dekoriert servieren.

Kalbsbriesstrudel mit Honigkrautfleckerln, Moosbeeren und Apfelessig-Kalbsrahmsoße

Für das Kalbsbries

2 große Gemüsezwiebeln, abgezogen

1 Stange Lauch, gehackt

1 Gelbe Rübe, geschält

½ Knolle Sellerie, geschält

2 EL Olivenöl

200 ml Rotweinessig

3 l Wasser

6 Lorbeerblätter

1 TL Pfefferkörner

1 TL Wacholderbeeren, zerdrückt

4 Gewürznelken

1 EL Zucker

1 kg Kalbsbries

Für die Moosbeeren

20 g Butter

100 g Moosbeeren

1 TL Puderzucker

50 ml roter Portwein

50 ml trockener Rotwein

abgeriebene Schale und Saft von
  1 Bio-Orange

Für den Strudelteig

250 g Mehl Type 405 plus etwas
  mehr zum Arbeiten

1 Bio-Ei

Salz

100 ml Wasser

2 EL Öl

75 g Butter, zerlassen

Kalbsbrät
  (siehe Grundrezept Seite 292)

Für die Honigkrautfleckerl

500 g Weißkraut oder Spitzkohl

50 g Butterschmalz

1 EL Blütenhonig

Salz

Pfeffer

gemahlener Kümmel

40 ml Apfelessig

100 ml trockener Weißwein

Für die Kalbsrahmsoße

Kalbssoße
  (siehe Grundrezept Seite 291)

Apfelessig

brauner Zucker

etwas Rahm

Für das Kalbsbries die Zwiebeln fein hacken und Lauch, Gelbe Rüben und Sellerie in Stücke schneiden. Das Olivenöl in einem großen Topf erhitzen und Zwiebeln, Lauch, Gelbe Rübe und Sellerie darin anschwitzen, ohne dass sie Farbe annehmen. Mit Essig und Wasser aufgießen. Lorbeer, Pfeffer, Wacholder, Nelken und Zucker zufügen und alles 15 Minuten kochen. Dann das Kalbsbries in den Sud legen und etwa 30 Minuten leicht köcheln. Den Topf vom Herd nehmen und das Bries im Sud erkalten lassen. Herausnehmen, Haut und Adern entfernen und das Bries in walnussgroße Stücke schneiden.

Für die Moosbeeren die Butter in einer Pfanne erhitzen, die Moosbeeren zugeben, mit Puderzucker bestäuben und karamellisieren. Mit Portwein und Rotwein ablöschen und einkochen lassen. Orangenabrieb und -saft hinzufügen und durchschwenken. Anschließend die Moosbeeren auf einem Geschirrtuch abtropfen lassen.

Für den Strudelteig Mehl, Ei, 1 Prise Salz und Wasser in einer Küchenmaschine zu einem glatten Teig ver- ——>

kneten. Den Teig anschließend einige Minuten auf einer bemehlten Fläche kräftig schlagen und mit der Hand durchkneten. Testen, ob sich der Teig, ohne zu reißen ziehen lässt. Den Teig mit dem Öl einpinseln, damit er nicht antrocknet und mit einem Geschirrtuch bedeckt etwa 45 Minuten ruhen lassen.

Für die Honigkrautfleckerl das Kraut in etwa 1 cm große Stücke schneiden und in Butterschmalz anbraten. Den Honig zugeben, mit Salz, Pfeffer und 1 Prise Kümmel würzen und mit dem Apfelessig ablöschen. Dann mit Weißwein aufgießen und einkochen lassen. Nochmals abschmecken, die restliche Flüssigkeit abgießen und die Fleckerl auf ein Geschirrtuch geben. In den Kühlschrank stellen.

Den Backofen auf 180 °C vorheizen. Bries, Moosbeeren und Krautfleckerl in eine Schüssel geben und mit etwa 150 g Kalbsbrät leicht binden. Den Strudelteig auf einem bemehlten Geschirrtuch ausziehen und die Briesfüllung wie bei einem Apfelstrudel darauf verteilen und einrollen. Mit der zerlassenen Butter bestreichen und im vorgeheizten Ofen goldgelb backen, je nach Größe dauert das 30–45 Minuten.

Für die Soße die Kalbssoße in einem Topf erhitzen und mit etwas Apfelessig leicht säuerlich abschmecken. 1 Prise braunen Zucker zugeben und mit einem Schuss Rahm aufmixen.

Zum Servieren den Strudel in Scheiben schneiden, auf Teller geben und die aufgeschäumte Rahmsoße angießen.

Gesottenes Fledermausstück mit Orangen-Meerrettich-Kompott, frittiertem Rosenkohl und Suppengrün

Für das Fledermausstück

4 Fledermausstücke vom Rind
(etwa 1,2 kg)
2 Gewürznelken
3 Wacholderbeeren
2 Lorbeerblätter
5 schwarze Pfefferkörner
1 Knoblauchzehe
Pfeffer aus der Mühle
Meersalz
1 Stange Lauch
1 Knolle Sellerie
4 Gelbe Rüben
1 Steckrübe

Für das Orangen-Meerrettich-Kompott

100 g eingelegte Orangen
  (siehe Grundrezept Seite 279)
10 g frisches Basilikum
½ Chilischote
rosa Pfefferbeeren
100 ml Olivenöl
Salz
20 g Meerrettich, frisch gerieben

Für den frittierten Rosenkohl

500 g Rosenkohl
1,5 l Sonnenblumenöl
Meersalz

Die Fledermausstücke in einen Topf mit Wasser geben. Zum Kochen bringen und 2 Minuten köcheln lassen, anschließend das Fleisch abgießen und unter fließend kaltem Wasser waschen. Zurück in den Topf geben, mit frischem Wasser auffüllen, die Gewürze zufügen und erneut zum Kochen bringen. Dann die Hitze reduzieren und etwa 1,5 Stunden leise köcheln lassen.

Das Gemüse putzen, schälen, in grobe Stücke schneiden und in den Topf zum Fleisch geben. Alles weitere 10–15 Minuten leise sieden lassen, bis das Gemüse bissfest und das Fleisch weich ist.

Für das Orangen-Meerrettich-Kompott die Orangen aus dem Glas nehmen und fein hacken. Basilikum und Chilischote ebenfalls fein hacken. Alles zusammen mit Pfefferbeeren, Olivenöl und 1 Prise Salz verrühren. Den Meerrettich unterheben und abschmecken. Vor dem Servieren 20 Minuten ziehen lassen.

Den Rosenkohl waschen und putzen, dann die einzelnen Blätter ablösen. Das Öl in einem großen Topf oder einer Fritteuse auf 160–180 °C erhitzen. Die Rosenkohlblätter portionsweise darin frittieren und auf Küchenpapier abtropfen lassen. Kurz vor dem Servieren mit Meersalz bestreuen.

Die fertig gegarten Fledermausstücke in Scheiben schneiden und zusammen mit dem Gemüse auf einer vorgewärmten Platte anrichten. Mit Pfeffer und Meersalz bestreuen. Die frittierten Rosenkohlblätter darüber verteilen und das Orangen-Meerrettich-Kompott daraufsetzen.

Nockerl vom Pinzgauer Ochsen mit geschmortem Blaukraut, Dunstapfel und rosa Beeren

Für die Nockerl

600 g sehr kaltes Rindfleisch
  aus der Hüfte, fein gewolft
500 g kalte Sahne
Salz
Pfeffer
20 ml Cognac
abgeriebene Schale von 1 Bio-Zitrone

80 g Kuhmilch-Feta, zerbröselt

Für das geschmorte Blaukraut

2 kleine Blaukrautköpfe
50 g Butterschmalz
Salz
Pfeffer
200 ml Rotwein
100 ml Rotweinessig
1 Zimtstange
100 ml Apfelsaft
20 g Preiselbeeren
Wacholderbeeren

Für die Dunstäpfel

4 Äpfel
20 g Butter
10 g brauner Zucker
Saft von 1 Zitrone
100 ml Apfelsaft
Salz
1 Stängel Rosmarin
5 g rosa Pfefferbeeren, gehackt

Für die Nockerl das Rindfleisch in einen Tischkutter geben und diesen auf niedrige Geschwindigkeit einstellen. Nach und nach die Hälfte der Sahne zugießen. Salzen, pfeffern und Cognac zugeben. Auf höhere Geschwindigkeit schalten und die restliche Sahne zugeben. Alles zu einer feinen Farce kuttern. Zum Schluss den Zitronenabrieb zugeben und die Masse in den Kühlschrank stellen.

Die Blaukrautköpfe in je 6 Spalten teilen. In einer beschichteten Pfanne in dem Butterschmalz anrösten. Dabei darauf achten, dass das Kraut in der Form bleibt. Anschließend das Kraut in eine Reine schichten, salzen und pfeffern. Den Rotwein in einen Topf geben und mit Essig, Zimt, Apfelsaft, Preiselbeeren und Wacholder zum Kochen bringen. Die Mischung über die Krautstücke gießen.

Den Backofen auf 160 °C vorheizen. Das Blaukraut 2 Stunden im Ofen garen, dabei die ersten 1,5 Stunden mit Alufolie abgedeckt, die restliche Zeit ohne.

Für die Dunstäpfel die Äpfel schälen und in Spalten schneiden. Die Butter in einer Pfanne zerlassen, aber nicht zu heiß werden lassen, und die Apfelspalten darin dünsten. Mit dem Zucker bestreuen und leicht karamellisieren. Mit Zitronen- und Apfelsaft aufgießen und weiterdünsten. Salzen und den Rosmarinstängel zugeben. Die Flüssigkeit einkochen lassen. Wenn die Äpfel al dente sind, die rosa Pfefferbeeren zugeben.

Salzwasser in einem Topf zum Köcheln bringen. Aus der Farce mit zwei Esslöffeln schöne geschlossene Nockerl formen und im Salzwasser sanft garziehen lassen.

Das geschmorte Blaukraut vorsichtig auf Tellern anrichten, die Nockerl daraufsetzen. Die Äpfel ebenfalls darauf verteilen. Mit etwas Fond vom Blaukraut nappieren und zum Schluss den Feta darüberstreuen.

Lockinger Sau und Gockel von Florian Reiter
Zurück in die Zukunft

»Florian Reiter machte es mir anfangs ein bisserl schwer mit der Zuneigung. Schließlich zieren seine Les Bleues-Rassegockel als Wappentier die Brust der französischen Fußballnationalmannschaft. Aber mit seinen Schweinen hat er mich gleich gehabt. Menschen wie Reiter geben einem wirklich den Glauben an das Schwein und seine Züchter zurück. Es ist einer der Schandflecke unserer bäuerlichen Landwirtschaft, dass so intelligente Tiere so lange so schlecht gehalten wurden.«

Ort: Chiemgauhof Locking, Amerang

Seit 2009 betreibt Florian Reiter das elterliche Anwesen im malerischen Chiemgau als Naturlandhof mit außergewöhnlichen Tierarten: Seine Weideschweine sind eine recht abenteuerliche Eigenkreuzung aus Wildschwein, Duroc, Wollschwein und Schwäbisch-Hällischem Landschwein. In eineinhalb Jahren langsamer Aufzucht und nur mit hofeigenem Futter entwickeln sie eine Fleischqualität, die auch der Laie auf den ersten Blick erkennt, weil man sie sieht.

Der Chiemgauhof Locking wurde bereits im 12. Jahrhundert als einer der ersten landwirtschaftlich genutzten Höfe in der Region erwähnt. Erzählungen reichen sogar bis ins 8. Jahrhundert zurück, und auch heute spricht man gern über den Hof, in dem der Vater sich um die Gockel auf der Weide, den Wald, das Stroh und die Tränken kümmert und die Mutter den Hofladen schaukelt, in dem ausschließlich eigene

Produkte verkauft werden. Ein echter bayerischer Familienbetrieb, den Florian Reiter aufwendig renaturieren musste, um ihn in einen Vorzeige-Biobauernhof zu verwandeln.

Die Schweinezucht begann er 2009 mit zwei traditionellen Schwäbisch-Hällischen Landschwein-Ferkeln, geschätzt für ihr saftiges, dunkelrotes und wunderbar marmoriertes Fleisch und dessen kräftiges Aroma. Entstanden um 1820 als Kreuzung aus der fruchtbaren und feinen chinesischen Rasse Jinhua und den robusten deutschen Angler Sattelschweinen, waren die fettreichen Schweine mit dem schwarzen Kopf und den charakteristischen Schlappohren bis in die 1960er-Jahre sehr beliebt, standen um 1980 herum jedoch kurz vor dem Aussterben. In den letzten Jahrzehnten wurden in Bayern die allermeisten Schweine extrem mager gezüchtet, im Gegensatz zu früher, als man die

Tiere mit der Verfütterung von Küchenabfällen möglichst fett haben wollte. Florian Reiter ist es mit eigenen Kreuzungen gelungen, die eh schon hervorragende Grundlage geschmacklich immer weiter zu veredeln. Spricht man ihn auf die Wildschwein-Komponente an und wirft dabei einen Blick auf die nahen Wälder, kommt er um ein Grinsen nicht herum. Genug gesagt.

Seine Lockinger Sau hat einen richtigen Kernspeck und einen hohen intramuskulären Fettgehalt. So ein Schweinefleisch ist mir lieber als die gängigen Rassen, weil es kompakter ist, kaum Wasser verliert und auch wenig Fett beim Braten braucht. Als Wammerl bleibt es in seiner Struktur sensationell, der Fettanteil schmeckt nussig, jedes Stück Lockinger-Fleisch hat einen kräftig-aromatischen und dabei ganz feinen Eigengeschmack.

Mit über drei Millionen Tieren leben in Bayern mehr Schweine als Rinder. Im Schnitt hält jeder Züchter heute fast 700 Tiere, davon ist Florian weit entfernt. Auch an Stallhaltung mit Spaltenböden aus Beton ist auf dem Chiemgauhof nicht zu denken. Statt zu wenig Platz zum Umdrehen haben die Lockinger Säue die Ausmaße eines ganzen Fußballfeldes zum Rumtoben. Sie wechseln die Flächen, wachsen langsamer heran und entwickeln eine robustere Gesundheit. Und jeden Abend, wenn es dunkel wird, ziehen sie sich in die Geborgenheit ihrer alten, geduckten Scheune mit dem natürlichen Erdboden zurück und kuscheln sich zusammen.

In Bayern stammt übrigens nur 0,5 Prozent allen Schweinefleischs aus Biomast, also nur jede zweihundertste Sau. Das liegt an den Verbrauchervorlieben: Wer Bio kauft, greift wesentlich häufiger zu Geflügel oder Rind. Und es liegt am Preis, der beim Bioschwein im Schnitt fast dreimal so hoch ist wie beim konventionellen. Umgekehrt ist aber auch der Qualitäts- und Haltungsunterschied in Summe nirgends so groß wie beim Schwein.

Auch bei Florians zweiter Vorzeigerasse, den französischen Gockeln mit den blauen Beinen, war der Blick in die Vergangenheit ein Blick in die Zukunft, als er ein Jahr nach den Schweinen mit der Gockelmast begann. Wussten Sie, dass ein typisches, bayerisches Masthuhn innerhalb von nur vier Wochen turbogemästet wird? Dagegen sind Florian Reiters Gockel echte Rassehühner französischer Abstammung, mit dem langsam wachsenden Bressehuhn verwandt. Seine Les Bleues stolzieren bis zu 24 Wochen über den preisgekrönt renaturierten Hof und entwickeln in dieser Zeit ein Aroma, wie es vermeintlich modernen Hochleistungshybriden ewig verwehrt bleiben wird.

Hochleistungshybride sind Kinder des Wirtschaftswunders nach dem Zweiten Weltkrieg, vorher züchteten Bauern jahrtausendelang die Hühner auf natürliche Weise als vorwiegend männliche Fleisch- und weibliche Eierlieferanten, es gab immer beides auf den Höfen. Doch Ende der 1950er-Jahre wurde damit begonnen, sich entweder auf Eier oder auf Hühnerfleisch zu spezialisieren, und dafür kreuzte man gezielt Inzuchttiere miteinander, um jeweils das vermeintliche Optimum zu erzielen. Dank dieser unnatürlichen sogenannten Hybridzucht wurden die Lege- und Mastbetriebe immer größer, aber auch deren Abhängigkeit von den Großbrütereien. Wer einmal diesen Weg einschlug, für den gab es kein Zurück. Heute sind über 95 Prozent aller Hühner Hybridtiere, von den einst rund 200 deutschen Hühnerrassen werden nur noch vier zur Lebensmittelherstellung genutzt.

Der Chiemgauhof ist da eine ganz andere Welt. Florians Les Bleues leben wie die glücklichen Schweine die meiste Zeit im Freien auf den hofeigenen Wiesen und Weiden, finden dort frisches Gras und Heu und picken nach den Würmern im Boden. Als Zusatzfutter baut Reiter selbst Weizen, Roggen, die Roggen-Weizen-Kreuzung Triticale und die Eiweißlieferanten Nackthafer und Ackerbohnen an. Nachts kommen die stolzen und wunderschönen Gockel in den geräumigen Stall, der jedes Jahr im Sommer bis unters Dach gereinigt und frisch gestrichen wird.

Dass es seinen Tieren gut geht, nimmt Florian Reiter persönlich. Nach der Schlachtung zerlegt er das Fleisch seiner Tiere selbst, verpackt es, und wenn es nicht im Hofladen landet, dann liefert er es auch meist selbst an seine Kunden und Partnerbetriebe aus. Da muss man sich in die Augen schauen können! An Florians seltenen Rassen sieht man exemplarisch: Wenn es um den Geschmack geht, ist oft die Vergangenheit die Zukunft. Das erlebe ich auch an mir selbst: Mein Lieblingsgenuss vom Schwein ist das Schwarzgeräucherte, das man in Niederbayern »Gselchtes« nennt, weil »Selch« bei uns für Räucherkamin steht. Wenn man zum Einlegen eine gute Mischung aus Salz und

Gewürzen hat, muss man nicht mehr viel machen. Die Zeit ist dann der Koch, der Rauch danach das Gewürz. Klar ist, dass man für diese traditionelle Freude ein sehr, sehr gutes Schweinefleisch braucht.

Von Kindesbeinen an schlägt mein Herz am lautesten für Geflügel. Für den Bierzeltgenuss habe ich das Grillhendl und die Ente verfeinert und jetzt auch noch eine unglaublich gute Pute gefunden. Florians Gockel mit den blauen Haxen zählen für mich zu den besten Hühnern überhaupt. Für ein Grillhendl sind sie fast zu schade. Man kann sie schmoren und behandeln wie eine Gans. Ein großartiges Geflügel! Bei der Geflügelzubereitung schließt sich für mich dann wieder der Kreis: Ich habe Ihnen ja ein Rezept des Gockels in der Schweinsblase aufgeschrieben. Eine uralte Zubereitungsmethode, die zeigt, dass es Sous-vide als Idee schon lange gab. Auch privat denke ich manchmal an Rezepte für Schweinefleisch, wenn ich einen schönen Bauerngockel zubereiten möchte. Ist mir die Zeit mit Freunden oder Familie wichtiger als der Spaß in der Küche, dann nehme ich eine Bratreine, packe Kartoffelschnitz und kleingeschnittenes Suppengemüse dazu und lege den Gockel obendrauf. Und dann lasse ich ihn im Ofenrohr ganz langsam ausbraten. Wie ein »Schweiners«, also einen Schweinebraten. Null Aufwand, ganz einfach! Echt gut!

Fleischgerichte

mit Schwein

Goaßbratl mit Erdäpfelschnitz, Wurzelwerk und Biersoße

1 kg mageres Wammerl

1 kg Schweine-Schälrippen

Salz

Pfeffer

1 TL Paprikapulver

1 frische Knoblauchknolle

1 kg vorwiegend festkochende
  Kartoffeln, geschält

3 Zwiebeln, abgezogen

2 Urkarotten, geschält

1 Stange Staudensellerie

1 Stange Lauch, geputzt

100 ml Olivenöl

500 ml dunkles Bier

250 g Sahne

30 g Butter

1 Stängel Thymian, fein gehackt

1 Stängel Majoran, fein gehackt

1 Stängel Rosmarin, fein gehackt

20 g Petersilie, grob zerzupft

Die Fettschicht des Wammerl in Rauten einschneiden. Schälrippen und Bauch mit Salz, Pfeffer und Paprikapulver würzen. Die äußeren Hautschichten der Knoblauchknolle abziehen und die Knolle halbieren. Eine Hälfte quer durchschneiden und das gewürzte Fleisch damit kräftig einreiben. 1 Stunde marinieren.

Die Zehen von der Knoblauchknolle lösen, die Haut aber nicht vollständig entfernen. Die Kartoffeln je nach Größe halbieren oder in Viertel schneiden. Die Zwiebeln in 5 mm dicke Scheiben schneiden. Die Urkarotten in Scheiben, Sellerie und Lauch in 5 cm lange Stifte schneiden. Zwiebeln, Gelbe Rüben, Sellerie, Lauch, Kartoffeln und die Hälfte der ausgelösten Knoblauchzehen in eine Schüssel geben und mit Öl, Salz, Pfeffer und Paprikapulver vermengen.

Den Backofen auf 160 °C vorheizen. Das Fleisch in eine Reine geben und 1 Stunde im Ofen braten. Anschließend das Fleisch aus der Reine nehmen, die Kartoffel-Gemüse-Mischung in der Reine verteilen und das Fleisch auf das Gemüse setzen. Mit Bier und Sahne aufgießen und etwa 45 Minuten bei 180 °C gar braten.

Das Fleisch in Scheiben schneiden und wieder auf das Gemüse setzen. Die restlichen Knoblauchzehen in der Butter leicht bräunen und mit Thymian, Majoran und Rosmarin über das fertige Goaßbratl geben. 5 Minuten im Ofen nachziehen lassen, zum Schluss die Petersilie darüberstreuen und den Braten in der Reine servieren.

Schon gewusst?

Dieses Gericht hat nichts mit einer Goaß (Ziege) zu tun! Es ist vielmehr das bayerische Äquivalent zu den schwäbischen Maultaschen, die liebevoll auch als Herrgottsbscheißerle bezeichnet werden. Da in der Fastenzeit kein Fleisch gegessen werden darf, haben es findige bayerische Köchinnen bei diesem Gericht unter viel Gemüse gut versteckt.

Saure Spanferkelleber mit Saubohnen, Gewürzäpfeln und gerupften Erdäpfeln

Für die Leber

600 g Spanferkelleber
50 g Mehl Type 550
50 g Butterschmalz
Salz
40 ml Rotweinessig
200 ml Kalbssoße
  (siehe Grundrezept Seite 291)
Pfeffer aus der Mühle

Für die Saubohnen

300 g Saubohnen
30 g Butter
Salz
Pfeffer
1 Stängel Bohnenkraut

Für die gerupften Erdäpfel

500 g festkochende Kartoffeln
  (z. B. Linda, Nicola), geschält
2 Bio-Eier
125 g Weizenmehl Type 405
100 ml Milch
Salz
Pfeffer aus der Mühle
frisch geriebene Muskatnuss
30 ml geklärte Butter
  (siehe Grundrezept Seite 293)
1 Stängel Majoran

1 Portion Gewürzäpfel
  (siehe Grundrezept Seite 278)

Die Leber parieren und in etwa 1 cm dicke Scheiben zu je etwa 75 g schneiden. Pro Portion sind zwei Scheiben vorgesehen. In den Kühlschrank stellen.

Die Bohnenkerne aus den Hülsen palen und in Salzwasser bissfest garen. In kaltem Wasser abschrecken. Anschließend die Kerne aus der Haut drücken. Die Butter in einem Topf erhitzen und die Bohnenkerne darin anschwitzen, mit Salz und Pfeffer würzen, das Bohnenkraut zugeben und erneut durchschwenken.

Für die gerupften Erdäpfel die Kartoffeln in Salzwasser halb gar kochen. Abgießen und kurz auskühlen lassen. Mit einer Rösti-Reibe raspeln. Die Eier trennen, Eigelb, Mehl und Milch zu einem Teig verrühren. Das Eiweiß schaumig schlagen und in den Kühlschrank stellen. Die geriebenen Kartoffeln unter den Teig rühren und mit Salz, Pfeffer und Muskat abschmecken, anschließend vorsichtig den Eischnee unterheben.

Die geklärte Butter in einer beschichteten Pfanne erhitzen. Den Kartoffelteig etwa 1 cm hoch hineingeben und bei geringer Hitze 4–5 Minuten goldbraun backen. In zwei Hälften teilen und vorsichtig wenden. Die zweite Seite ebenfalls goldbraun backen und den Kartoffelkuchen in kleine Stücke zerrupfen. Etwas gehackten Majoran darüberstreuen und kurz durchschwenken.

Die Leber im Mehl wenden, dann im Butterschmalz goldgelb braten, aber nicht vollständig durchgaren. Auf Küchenpapier abtropfen lassen und leicht salzen. Den Bratensatz mit Essig ablöschen und mit Kalbssoße aufgießen, leicht einköcheln lassen.

Die Gewürzäpfel leicht erwärmen.

Die gerupften Erdäpfel auf Teller geben und die Leber dazulegen, die Apfelspalten darauf anrichten und alles mit der Soße nappieren. Die Bohnenkerne darüber verteilen und mit dem restlichen Majoran dekorieren.

Gekochte Ohren vom Spanferkel, Chili-Kerbel-Gemüse-Salsa und Fladenbrot

Für die Spanferkelohren

20 Ohren vom Spanferkel oder Jungferkel

3 Zwiebeln, abgezogen

1 Knoblauchknolle, abgezogen

2 Karotten, geschält

½ Stange Staudensellerie, geputzt

Salz

1 EL schwarze Pfefferkörner

3 Lorbeerblätter

Paprikapulver

essbare Blüten

Für die Salsa

2 Frühlingszwiebeln

1 mittelscharfe Chilischote

20 g Kerbel

1 EL mittelscharfer Senf

Saft von 1 Bio-Zitrone

brauner Zucker

200 ml Olivenöl

Salz

schwarzer Pfeffer aus der Mühle

Für das Fladenbrot

220 g Mehl Type 550

110 ml Wasser

4 EL Sesamöl

½ TL gemahlene Fenchelsamen

Salz

Die Schweineohren in einen großen Topf mit Wasser geben und kurz aufkochen, dann abwaschen. Mit 5 Liter kaltem Wasser, dem Gemüse und den Gewürzen in einen Topf geben und so lange köcheln lassen, bis die Ohren sehr weich sind. Das Gemüse aus dem Sud nehmen und in den Kühlschrank stellen.

Für die Salsa Frühlingszwiebeln, Chili und Kerbel fein schneiden – nicht hacken. Alles in eine Schüssel geben. Senf, Zitronensaft, 1 Prise braunen Zucker, Olivenöl, Salz und Pfeffer zufügen. Das gekochte Gemüse fein hacken und ebenfalls zugeben. Zu einer sämigen Salsa vermengen.

Für das Fladenbrot das Mehl in eine Schüssel geben und mit Wasser, Sesamöl und Fenchelsamen zu einem Teig verkneten. 20 Minuten ruhen lassen. Weitere 5 Minuten kneten, bis ein glatter Teig entsteht. Kleine flache Brote formen und ohne Öl in einer gusseisernen Pfanne backen. Das Brot sollte dabei braune Backflecken bekommen.

Die heißen Schweineohren aus dem Fond heben und mit einer Geflügelschere oder mit einem großen Messer in etwa 2 cm breite Streifen schneiden. Mit etwas Paprikapulver bestäuben, die Blütenblätter darauf verteilen und mit dem Fladenbrot und der Salsa servieren.

Surhaxerl vom Spanferkel, geschmorter Apfel-Lauch und geröstete Knödel

Für die Surhaxerl

Salz

1 Metzgerzwiebel, abgezogen

8 Nelken

3 Lorbeerblätter

1 EL schwarze Pfefferkörner

1 TL Wacholderbeeren

½ frische Knoblauchknolle

4 Surhaxerl vom Spanferkel
   (beim Metzger vorbestellen)

100 ml Apfelessig

Zucker

Meerrettichwurzel

frische Kräuter nach Wunsch

Für den geschmorten Apfel-Lauch

4 Stangen Lauch

50 g Butterschmalz

Salz

Pfeffer

100 g Apfelmus

500 g Sahne

Für die Knödel

8 altbackene Kaisersemmeln

1 Zwiebel, abgezogen

100 g Butterschmalz

20 g Petersilie

etwa 200 ml Milch

3 Bio-Eier

Salz

Pfeffer

Für die Surhaxerl Salzwasser in einem großen Topf zum Kochen bringen. Die Zwiebel mit den Nelken spicken und zusammen mit Lorbeer, Pfeffer, Wacholder, Knoblauch und den Haxen in den Topf geben und etwa 1 Stunde köcheln. Essig und Zucker zugeben, und 1 Stunde weiterköcheln, bis die Haxen weich sind. Den Fond aufbewahren.

Für den geschmorten Apfel-Lauch den Lauch gründlich waschen. Nur den festen geschlossenen Teil des Lauchs verwenden. (Den Rest z. B. für eine Suppe verwenden.) Den Lauch in etwa 7 cm lange Stücke schneiden und langsam im Butterschmalz braten, bis der Lauch eine kräftige braune Farbe angenommen hat.

Den Backofen auf 140 °C vorheizen. Die Lauchstücke in eine Reine schichten. Leicht salzen und pfeffern.

Das Apfelmus mit der Sahne verrühren und über dem Lauch verteilen. Die Reine mit Alufolie abdecken und den Lauch etwa 1,5 Stunden im Ofen backen. Die Folie entfernen und weitere 30 Minuten backen.

Für die Knödel die Semmeln in Stücke schneiden und in eine Schüssel geben. Die Zwiebel hacken. Etwas Butterschmalz erhitzen und die Zwiebel darin glasig dünsten. Die Petersilie hacken und in die Pfanne geben, dann die Milch zugießen. Die Mischung zu den Semmeln geben, salzen, pfeffern, die Eier zufügen und alles zu einer Knödelmasse vermengen. Kleine, etwa 40 g schwere Knödel formen. Reichlich Salzwasser in einem Topf zum Kochen bringen. Die Knödel hineingeben und gar ziehen lassen. Anschließend die Knödel im restlichen Butterschmalz anbraten.

Den geschmorten Lauch auf Teller legen und mit etwas Fond aus der Reine nappieren. Die Surhaxerl anlegen. Die gerösteten Knödel dazugeben, den Meerrettich darüberhobeln und mit den Kräutern bestreuen. Etwas Fond von den Surhaxerl angießen.

Bayerisches Labskaus

500 g gepökelter Schweinehals
3 große Gelbe Rüben, geschält
1 Metzgerzwiebel, abgezogen
1 Knoblauchzehe, abgezogen
100 g Butter
3 Essiggurken
500 g mehligkochende Kartoffeln,
  geschält
Salz
Pfeffer
brauner Zucker
1 Msp. gemahlener Kümmel
40 ml Apfelessig
4 Bio-Eier
200 g geräuchertes Aalfilet
2 Frühlingszwiebeln, fein geschnitten
Essiggurken, halbiert
frische Kräuter, rote Kresse,
  Friséesalat
Zesten von ½ Zitrone

Den Schweinehals in einen Topf mit reichlich Wasser geben und etwa 1 Stunde kochen. Die gelben Rüben zugeben und 30–40 Minuten weiterkochen, bis die gelben Rüben und das Fleisch weich sind.

Zwiebel und Knoblauch grob hacken und in etwas Butter anschwitzen. Die Essiggurken grob schneiden und dazugeben, kurz mitbraten. Vom Herd nehmen.

Die Kartoffeln weich kochen und durch eine Kartoffelpresse in einen großen Topf drücken. Die restliche Butter zu den Kartoffeln geben.

Fleisch, Gelbe Rüben, Zwiebeln, Knoblauch und Essiggurken zusammen durch einen Fleischwolf (mittlere Scheibe) drehen und zu den Kartoffeln geben. Alles gut vermischen und mit Salz, Pfeffer, etwas Zucker und Kümmel abschmecken.

Wasser mit Salz und dem Apfelessig aufkochen und die Eier darin pochieren.

Das Bayerische Labskaus in einem Topf kurz anbraten und auf tiefe Teller verteilen. Das Aalfilet und die pochierten Eier darauflegen. Mit den Frühlingszwiebeln, Essiggurken, Kräutern, Kresse und Salatblättern dekorativ anrichten und mit ein paar Zitronenzesten bestreut servieren.

Dazu ein leicht herbes Pils genießen.

Andreas Schinharl

»Bio. Regional. Egal?«

Über Zutaten, Einkauf und Qualitäten

Ich möchte Ihnen an dieser Stelle keine Schauermärchen über Massentierhaltung, Pestizide oder regelbrechende Biobauern erzählen. Sie haben bestimmt schon oft davon gehört. Immerhin lesen Sie dieses Buch, interessieren sich also für gutes Essen und Regionalität. Und damit ist eigentlich schon alles gesagt.

Mein Schlüssel zu guten Zutaten ist Vertrauen. Nicht Geld oder große Markennamen, einfach nur Vertrauen. Und das Gute ist: Diesen Schlüssel halten Sie auch in den Händen! Aber bevor ich Ihnen verrate, wie Sie ihn ins Schloss stecken, lassen Sie uns kurz überlegen: Was sind eigentlich gute Zutaten?

Eine gute Zutat betrachte ich unter zwei Aspekten: ihre Produktqualität und ihre Herkunft. Mit der Herkunft einer Zutat meine ich die Situation ihrer Entstehung. Die ist für einen Laien in einem Stall, einem Freilauf oder einer Weide natürlich nachvollziehbarer als auf einem Feld, in einem Beet oder einem Gemüsegarten. Tieren sieht man schon im Wachstum an, wie sie leben und ob es ihnen gutgeht. Legen Sie sich eine einfache Regel zurecht; ich halte es da mit dem großartigen amerikanischen Universal-Kulinariker Michael Pollan: Essen Sie nur Tiere, die selbst gut gegessen haben – und gut gelebt, würde ich ergänzen.

Wenn Sie diese Regel beherzigen, bekommen Sie automatisch eine bessere Produktqualität. Nicht zwangsläufig absolute Spitzenqualitäten, aber immer sehr gutes Fleisch, das kompakter und weniger wässrig ist, sich bei der Zubereitung weniger unerwünscht verändert

und je nach Tierrasse und Fleischstück einen feineren oder aromatischeren Eigengeschmack besitzt. Nur belanglos wird es nie sein.

Das erzähle ich Ihnen nicht als Käfer-Koch, dem die kulinarische Welt füllhornartig zu Füßen liegt, nein, das erzähle ich Ihnen aus eigener Erfahrung. Ich stamme nicht aus einer privilegierten Familie, aber wir haben uns immer gut ernährt. Was wir damals schon hatten, ist das, was ich Ihnen auch für heute und die Zukunft rate: ein Netz von Lieferanten und wenn möglich ein Teil Selbstversorgung. Gehen Sie auf Wochenmärkte und schauen Sie sich die Produkte an. Was gefällt Ihnen, was spricht Sie an? Verlassen Sie sich auf Ihren gesunden Menschenverstand, dazulernen werden Sie eh ganz schnell. Schauen Sie sich die Menschen hinter der Auslage an. Sind sie Ihnen sympathisch, kommen Sie gern mit ihnen ins Gespräch? Und sprechen Sie mit diesen Menschen, lassen sie sich Sorten erklären, sagen Sie, was Sie kochen möchten oder lassen Sie sich neue Rezepte vorschlagen. Erfahren Sie alles über die Herkunft des Gemüses, Obstes, der Fische oder des Fleisches. Machen Sie das so lange, bis Sie sich rundum wohlfühlen und Sie für jede Zutat, jedes Produkt die für Sie persönlich optimale Quelle haben. Kurzum: Bauen Sie Vertrauen auf, gegenseitiges. Vertrauen ist tatsächlich das wichtigste Gütesiegel, das sage ich Ihnen aus jahrzehntelanger Erfahrung. Dann können Sie auch voller Vorfreude vorbestellen, Entdeckungen machen, neue Sorten, Stücke, Schnitte erleben. Und wenn nicht auf dem Wochenmarkt, dann in den

Hofläden der näheren Umgebung. Fahren Sie raus zu den Bauern, Gärtnern und Fischzüchtern, auch wenn es Ihnen auf den ersten Blick mühsam erscheint. Belohnen Sie sich selbst mit Einkaufserlebnissen! Wenn Sie heranwachsende Kinder haben, nehmen Sie sie mit. Das wird unvergesslich und senkt den Mäkelgrad dramatisch.

Sie finden es nicht besonders nachhaltig, mit dem PKW eine Runde durch die Dörfer und zu den Höfläden zu drehen? Machen Sie sich keine Sorgen. Einem Bauern seine Produkte direkt vor Ort oder auf einem Markt abzukaufen, ist immer ökologischer als die vielen langen Transportwege der Produkte im Supermarkt um die Ecke. Und Sie stärken das wirtschaftliche Auskommen des Bauern, honorieren seine Arbeit, zollen ihm Respekt. Das spielt keine Rolle? Und ob, das habe ich immer wieder gespürt. Für engagierte Menschen ist Geld immer nur ein Teil des Lohns.

Apropos Geld: Auch diese Sorge möchte ich Ihnen gern nehmen. Ersetzen Sie Geld durch Planung. Wer keine Zeit hat oder sie sich nicht nehmen mag, braucht ein größeres Budget oder er isst schlechter. Planen Sie die Woche im Voraus und machen Sie ein- oder zweimal pro Woche ihre Vorfreude-Einkaufsrunde. Das ergibt mehr Sinn und verursacht weniger Stress als fast jeden Tag schnell in den Supermarkt zu huschen. Bald werden Sie wissen, welche Mengen Sie brauchen und werden weniger wegschmeißen müssen, auch das macht einen Teil des Mehrpreises wett. Legen Sie Vorräte an. Und scheuen Sie sich bitte nicht, auf Vorrat zu kochen! Wenn es dreimal die Woche den gleichen von ihnen gekochten Mittagssnack für die hungrigen Schülermäuler gibt, ist das allemal besser als einmal frisch gekocht und zweimal ein Fertiggericht. Günstiger ist es auch, vergleichen Sie mal!

Wenn Sie schon planen, dann schenken Sie bitte auch Ihrem Obst und Gemüse ein gutes Leben, also eine optimale Umgebung. Damit meine ich: Achten Sie auf die echten Saisonzeiten, nicht nur auf die Verfügbarkeit regionaler Produkte. Das ist ein Unterschied. Ich habe Ihnen schon beim Spargel erzählt, dass ich kein Freund der Verlängerung von Saisonzeiten bin.

Während beim Spargel der frühere Beginn der Saison qualitativ kaum einen Unterschied macht, ist er auf den ersten Bissen schmeckbar, wenn Sie eine Frühlingstomate aus einem Münchner Gewächshaus probieren. Kein Vergleich zu einer echten, bayerischen Freilandtomate. Also wenn regional, dann bitte auch saisonal!

Das Gefühl für Saisonalität und Aromatik kann man übrigens ganz leicht trainieren, indem man sie hautnah erlebt. Das funktioniert bei einem selbst und ohne erhobenen Zeigefinger auch bei der ganzen Familie. Wenn Sie einen Garten haben, legen Sie ein Gemüsebeet an, auch einen Balkon kann man genussvoll bepflanzen, und für ein paar frische Würzkräuter reicht schon ein Fensterbrett. Literatur und Videos dazu gibt es in Hülle und Fülle.

Hauptsache, Sie übertreiben es nicht gleich mit der Selbstversorgung, so wie mein Vater und ich. Mein Vater war gelernter Eisenbahner und hat sich bei unserem Haus – ein Einfamilienhaus, kein Hof! – Hühner, Enten und traditionell Ziegen gehalten. Als junger Kochlehrling fand ich auf dem Parkplatz meiner Lehrstelle in Straubing eine verletzte Taube, nahm sie mit nach Hause, päppelte sie auf und dachte mir: Was mein Vater kann, kann ich auch. Ich begann eine kleine Taubenzucht, wie man bald ringsum deutlich hören und riechen konnte. Ein kurzes Vergnügen! Bei 50 Tauben war Schluss, meine Mutter verdrehte nur noch die Augen. Sie machen nun mal ziemlich viel Dreck – aber sie schmecken wirklich köstlich!

Der Glaube an das Gute

»Die Pute gilt als das schnelle Mastgeflügel schlechthin, einen schlechteren Ruf kann man kaum haben. Doch in Goppertshofen im Dachauer Land haben Simon und Barbara Wallner bereits 1985 entschieden, ihren Hof ganz auf Putenzucht auszurichten. Zehn Jahre später stellten sie alles auf Bioanbau um, also auch das Futter, das sie fast vollständig selbst produzieren. Sohn Quirin – wie auch seine Schwestern – half von klein auf mit und erlebte, wie die kleinen Puten im eigens eingerichteten Aufzuchtstall mit Bodenheizung und weichem Stroh von Hand gefüttert und an das Trinken aus der Tränke gewöhnt werden. Heute ist der Generationswechsel bei den Wallners ein sanfter Übergang, und ihre Bioputen gelten als Delikatesse. Ja, Sturheit siegt!«

Ort: Wallners Bioputen, Goppertshofen

Putenfleisch? Das war für mich eine in die Irre führende Zucht-Sackgasse: torkelnde Tiere mit aufgeblähten Brüsten und verkümmerten Keulen. Natur aus dem Gleichgewicht. Große Körper mit kleinem Geschmack, von robuster Gesundheit weit entfernt. Nein, danke! Ich begegnete der Pute mit dem gleichen Argwohn wie die meisten Geflügelgenießer. Auf meinem privaten Speisezettel kam sie nicht vor und auf meinen Speisekarten auch nicht, denn sie hatte weder das feine Fleisch eines guten Gockels, noch den zartwilden Schmelz einer guten Ente und schon gar nicht das kräftige Aroma einer guten Gans. Wenn schon ein großes Geflügel, dann eine Gans, das war für mich klar.

Allen voran die Putenbrust wirkt auf viele Verbraucher attraktiv, weil sie kaum Fett und viel Eiweiß, Vitamine, Kalium und Zink enthält, das weiß ich wohl. Auch Fleisch mit Biss habe ich sehr gern, das wissen Sie ja mittlerweile. Aber das Wohl der Tiere gehört für mich zum guten Geschmack nun mal unabdingbar dazu. Dass es in Nordamerika, wo man den Truthahn vergöttert, ganz großartige Qualitäten geben muss, war für mich deshalb all die Jahre ein sehnsüchtiger Gedanke. Truthahn ist übrigens die männliche Bezeichnung für das gemeine Truthuhn, bei uns ist Puter geläufiger, Pute heißt genau genommen nur das weibliche Tier. Dieses Truthuhn, oder sprechen wir lieber wieder von der Pute, lebte schon in Nordamerika, bevor der erste Europäerfuß es betrat. Benjamin Franklin wollte den »Turkey« sogar als Wappentier, aber dann wurde es doch der Weißkopfseeadler, auch schön. Die Seefahrer brachten die prächtigen, stolzen, neugierigen und mutigen Puten schließlich mit in die europäische Heimat.

Meine Sehnsucht nach der guten Pute endete erst, als ich im Dachauer Land auf den Naturlandhof der

Wallners stieß. Viel zu spät, das ärgert mich bis heute! Man sieht auf den ersten Blick, dass diese Bioputen anders sind. Statt möglichst großer Putenbrüste haben sie ein natürliches Verhältnis zwischen Brust und Keulen und stehen auf eigenen Füßen. Sie sind robust und sichtbar gesund, können sich selbst tragen und gut bewegen, und das tun sie auch. Puten sind ja sehr verspielte Tiere. Und Auslauf ist bei den Wallners jede Menge da. Ihr Muskelfleisch hat genau den Anteil an intramuskulösem Fett, der verhindert, dass es faserig und trocken wird. Vor allem aber: Wallner-Puten sind nicht so groß. Verglichen mit den gängigen Hybrid-Kollegen, da haben wir es wieder, wiegen sie nicht einmal die Hälfte, meist sogar deutlich weniger. Eine Hybrid-Pute erreicht heute gern mal 20 Kilo und mehr, davon ist dann fast die Hälfte Brustfleisch. Eine Wallner-Pute liegt bei sechs bis acht Kilogramm, als Festtagsbraten am Stück auch deutlich darunter. Kein Wunder, dass sich in der Kompaktheit dieser gesunden Tiere der Geschmack konzentriert. Man hat dann für die Zubereitung auch nicht nur die Brust, sondern ebenso die würzigen Flügel, die sich grandios grillen lassen, und vor allem das dunkle, kräftige Keulenfleisch, das ich Ihnen als Tipp besonders ans Herz legen möchte, denn diese erstklassigen Biokeulen lassen sich sehr gut für herzhafte und deftige Gerichte wie Gulasch verwenden, für die man sonst auf Vierbeinerfleisch zurückgreifen würde. Und wenn man weiß, wie diese Puten aufwachsen und gefüttert werden, dann freut man sich darauf umso mehr.

Dass Tierwohl über allem steht, haben Simon und Barbara Wallner ihren Kindern gewissermaßen in die Wiege gelegt, die mit der liebevollen Handfütterung der kleinen Putenküken aufgewachsen sind. Nach der Geborgenheit im Aufzuchtstall entdecken die jungen Puten dann die große Freiheit im Offenstall auf der grünen Wiese. Sie spielen im Sand, ruhen im Schatten der Bäume und treiben jede Menge Schabernack. Dabei bauen sie in aller Ruhe starke Muskeln und ein besonders festes und aromatisches Fleisch auf. In der konventionellen Mast dürfen über 50 Kilo Lebendgewicht auf einem Quadratmeter untergebracht werden. Die Tiere berühren einander ständig und können kaum mehr umfallen. Bei den Wallners hat jede Pute, jedes einzelne Tier, zehn Quadratmeter Auslauf.

Das Wohl der Tiere liegt Sohn Quirin Wallner ebenso am Herzen wie das Denken in geschlossenen Kreisläufen, das die lückenlose Transparenz dieser außergewöhnlichen Qualität erst möglich macht und für mehr Unabhängigkeit und mehr eigene Wertschöpfung sorgt. Als staatlich geprüfter Landwirtschaftsmeister im Biobereich führt er den Hof in die Zukunft. Er verbindet Traditionelles, das Gott sei Dank wieder modern geworden ist, wie die eigene Hofschlachtung und die unmittelbare Verarbeitung, Veredelung und Vermarktung direkt am Hof – selten habe ich übrigens so einen schönen Hofladen gesehen –, mit Zeitgemäßem wie der Strom- und Wärmeerzeugung aus eigenen, nachhaltigen Ressourcen.

Auch beim Futter führt der Weg für die Wallners in Richtung Autarkie. Ihr Biofutter, das sie direkt am Hof in der eigenen Futtermühle schroten, mischen und zu Mischfutter pelletieren, besteht hauptsächlich aus Mais, Winterweizen und Futtererbsen und wird von Eiweißträgern wie Soja, Raps und Sonnenblumen ergänzt. Kaufen die Wallners noch Futtergetreide zu, dann nur von zertifizierten Biobauern aus der Region. Dank einer ausgeklügelten Fruchtfolge bekommen die eigenen Ackerböden dabei eine ebenso

gute Pflege wie die Tiere. Das starke Wurzelgeflecht der Erbsen lockert die Böden auf natürliche Weise auf. Kleegras wird zur Bodenerholung angebaut, weil seine Wurzeln Nährstoffe binden und den Humusaufbau fördern, außerdem unterdrückt es Unkraut und bereitet somit Weizen und Mais sprichwörtlich den Boden. Auf diesem ausgewogenen Bodenklima geben die Nährstoffe der Gärreste der eigenen Biogasanlage den Pflanzen zusätzliche Kraft zum Wachsen.

Am Ende all dieser Mühe und Konsequenz steht eine Putenqualität, wie ich sie bisher nicht kannte. Eine Biopute von den Wallners schmeckt kräftiger als ein Hendl, aber nicht so würzig wie eine Gans, und ist bei weitem nicht so fett. Eine perfekte Nische, ein Glück, eine Rarität! Ein Unikat? Ich hoffe nicht! Ich möchte Sie nicht zum Radau auf dem Wochenmarkt oder im Hofladen anstacheln, aber wenn Sie in Ihrer Gegend den Putengenuss suchen, von dem ich hier spreche, also ein Geflügel mit wunderschönem Eigengeschmack und einem artgerechten, glücklichen Leben, dann fragen Sie bitte genauer nach: Wie werden die Puten gefüttert, und von wem stammt dieses Futter? Und lassen Sie sich Fotos der ausgewachsenen Tiere zeigen. Wie leben sie? Stehen Sie gesund und vor allem aufrecht da? Brust und Keulen in Balance? Wer dieses Interesse nicht respektiert und honoriert, der sollte nicht Ihr Händler oder Züchter sein.

Ich habe Ihnen zwei Rezepte aufgeschrieben, die sehr schön zeigen, was eine famose Biopute kann – geschmacklich und strukturell. Die ganze, gefüllte Biopute, die ich auch auf dem Oktoberfest präsentiere, zeigt ihre aromatische Vielfalt: die feine Brust, die kernigen Flügel und die würzigen Keulen. Bei einer ganzen Pute freuen sich die Wallners übrigens über eine Vorbestellung, erst recht vor Feiertagen. Die Überraschung an meinem zweiten Rezept, den Bioputen-Fleischpflanzerln ist, dass es sie überhaupt gibt. Geflügelfleisch gilt ja als denkbar schlecht geeignet: zu trocken und zu wenig Geschmack. Die Pflanzerl zerfallen dann, zerbröseln geradezu. Es geht aber auch ganz anders. Das wissen die Wallners schon lange.

Fleischgerichte

mit Geflügel

Bauerngockel in der Schweinsblase mit Steinpilzen, Kräuterbutter, Safran und Nudelfetzen

Für den Gockel

1 große Schweinsblase
  (beim Metzger vorbestellen)
1 Stängel Rosmarin
2 Stängel Thymian
5 g Kerbel
5 g Petersilie
1 Knoblauchzehe, abzogen
1 Schalotte, abgezogen
abgeriebene Schale von 1 Bio-Zitrone
1 g Safranfäden
Meersalz
schwarzer Pfeffer aus der Mühle
100 g weiche Butter
1 Bauerngockel (etwa 2 kg)
20 g getrocknete Steinpilze
500 ml Hühnerbrühe
  (siehe Grundrezept Seite 287)

Für den Nudelteig

300 g Mehl plus etwas mehr
  zum Mehlieren
2 Bio-Eier
4 Bio-Eigelb
1 EL Olivenöl
2 EL Wasser

Für den Gockel die Schweinsblase einige Stunden in lauwarmem Salzwasser wässern.

Die Kräuter fein schneiden, nicht hacken. Knoblauch und Schalotte fein hacken und diese mit Zitronenabrieb, Safran, Salz, Pfeffer und Kräutern mit der weichen Butter vermengen. Zu einer Kugel formen und etwa 30 Minuten kaltstellen.

Den Gockel abwaschen. Die Steinpilze vorsichtig unter die Haut von Brust und Keule schieben. Salzen und pfeffern. Die Schweinsblase mit einer dünnen Röhre (etwa 30 cm lang) aufblasen. Den Gockel mit der Kräuterbutter füllen und diesen in die aufgeblasene, gedehnte Schweinsblase geben. Mit der Hühnerbrühe angießen und die Schweinsblase mit Küchengarn zubinden. Dabei ist wichtig, dass die Schweinsblase dicht ist. Die mit dem Gockel gefüllte Blase in einen großen Topf mit leicht siedendem Wasser setzen und 3–5 Stunden ziehen lassen.

Für den Nudelteig das Mehl in eine Schüssel geben und in die Mitte eine Mulde drücken. Eier und Eigelbe hineingeben, Öl, Wasser und Salz zufügen und alles zu einem geschmeidigen Teig kneten. In Frischhaltefolie einschlagen und 1 Stunde ruhen lassen. Den Teig etwa 1,5 mm dick ausrollen, dann in ungleichmäßige Fetzen reißen. Die Fetzen etwas mehlieren und kaltstellen. Erst kurz vor dem Servieren in Salzwasser bissfest kochen.

Den fertigen Gockel aus der Blase schneiden, dabei die Flüssigkeit auffangen und in einen Topf gießen. Kurz aufkochen und mit einem Pürierstab kräftig aufmixen.

Den Gockel zerteilen, auf die Nudelfetzen legen und mit der Soße großzügig übergießen.

Backente mit süßsaurem Kohlrabikraut und Traubenmayonnaise

Für die Backente

1 Bauernente (etwa 2,4 kg)

Salz

5 Bio-Eier

100 ml Milch

100 g Mehl

350 g Kaisersemmelbrösel

500 g Butterschmalz

½ Bio-Zitrone, in Spalten

Für das Kohlrabikraut

3 Kohlrabi, geschält

1 Schalotte, abgezogen

50 g Butterschmalz (alternativ
   Enten- oder Gänseschmalz)

Salz

Zucker

5 g Kümmelsamen

40 ml Apfelessig

40 ml Weißwein

100 ml Entenkochwasser

2 Lorbeerblätter

5 Wacholderbeeren

1 mehligkochende Kartoffel, geschält

250 g Sahne

Für die Traubenmayonnaise

1 Bio-Ei

100 ml Traubenkernöl

1 TL mittelscharfer Senf

1 TL Rotweinessig

Salz

Pfeffer

Zucker

25 g Sultaninen

Schnittlauch, rote Kresse, Blüten,
   Salatblätter

Die Ente auslösen. Dafür die Brüste in etwa 6 gleich große Stücke schneiden. Die Keulen abtrennen und die Oberkeulen von den Unterkeulen trennen. Die Unterkeulen auslösen und halbieren. Die Oberkeulen am Knochen entlang aufschneiden. Die Keulen 30 Minuten in leicht gesalzenem Wasser kochen, dann die Brüste zugeben und 15 Minuten weiterkochen. Das Fleisch aus dem Wasser nehmen, trocken tupfen und in den Kühlschrank stellen. Vom Kochwasser 100 ml aufbewahren.

Die Kohlrabi fein raspeln und die Schalotte fein hacken. Zusammen im Butterschmalz anschwitzen. Je 1 Prise Salz, Zucker und Kümmel zugeben und mit Apfelessig und Weißwein ablöschen. Entenkochwasser, Lorbeer und Wacholder zufügen und alles etwa 25 Minuten unter gelegentlichem Rühren köcheln lassen. Die Kartoffel reiben, in die Mischung geben und weiterköcheln, damit das Ganze abbindet. Vor dem Servieren Lorbeer und Wacholder entfernen.

Für die Mayonnaise Ei, Öl, Senf, Essig sowie je 1 Prise Salz, Pfeffer und Zucker in einen hohen Becher geben und mit einem Stabmixer mixen. Dabei den Mixer langsam von unten nach oben führen. Die Sultaninen fein hacken und unterrühren, eventuell nachwürzen.

Die Ententeile panieren. Dafür Eier und Milch verquirlen und in einen tiefen Teller geben. Die Ente zuerst im Mehl wenden, dann durch die Eimischung ziehen und schließlich in den Semmelbröseln wälzen. Im Butterschmalz frittieren, dabei das Schmalz nicht zu heiß werden lassen.

Das Kohlrabikraut auf Tellern anrichten, die gebackenen Ententeile daraufgeben und mit Schnittlauch, Kresse, Blüten und den Salatblättern dekorativ anrichten. Die Traubenmayonnaise und die Zitronenspalten dazu reichen.

Entenbratwurst in Erdäpfelbrotteig mit Senf-Sabayon auf Boskop-Blaukraut

Für die Entenbratwurst

500 g Entenfleisch (Brust und Keule)
60 g Zwiebel, fein gewürfelt
Blaukraut (siehe Rezept Seite 135)
60 g Zwiebel, fein gewürfelt
150 g Kalbsbrät
  (siehe Grundrezept Seite 292)
abgeriebene Schale von 1 Bio-Orange
Salz
Pfeffer
10 ml CognacSchweinedarm 30/32 mm
  (beim Metzger vorbestellen)
2 Stängel Majoran

Für das Erdäpfelbrot

½ rote Zwiebel, abgezogen
¼ Knoblauchzehe, abgezogen
1 EL Butter
Salz
schwarzer Pfeffer aus der Mühle
frisch geriebene Muskatnuss
320 g mehligkochende Kartoffeln
  (Adretta, Bintje, Blauer Schwede),
  geschält
50 ml Milch plus etwas mehr bei Bedarf
1 Würfel Hefe
1 Bio-Ei verquirlt
350 g Mehl Type 405 plus etwas mehr
  bei Bedarf

Für das Senf-Sabayon

1 weiße Zwiebel, abgezogen
1 Knoblauchzehe, abgezogen
200 ml Weißwein
6 schwarze Pfefferkörner
1 Stängel Estragon
20 ml Estragonessig
4 Eigelb
1 Prise brauner Zucker
3 EL Estragonsenf
Salz

Die Ente häuten und das Fleisch auslösen. Die Haut in einer Pfanne auslassen, bis sie kross und braun ist. Das ausgetretene Fett auffangen und beiseitestellen. Die Haut mit dem Entenfleisch durch einen Fleischwolf drehen.

250 g vom Blaukraut abnehmen, gut ausdrücken und fein schneiden. Das Entenfett erhitzen und die Zwiebelwürfel darin glasig anschwitzen. Dann die Zwiebelwürfel mit Entenhackfleisch, Kalbsbrät, dem ausgedrückten Blaukraut und Orangenabrieb vermengen. Mit Salz, Pfeffer und Cognac abschmecken und mit einem Spritzbeutel in die Schweinedärme füllen. Das Ende des Darms verknoten und vorsichtig in Bockwurst große Würste abdrehen. Die Würste im Kühlschrank abkühlen lassen.

Für das Erdäpfelbrot Zwiebel und Knoblauch fein würfeln und in der Butter glasig anschwitzen, mit Salz, Pfeffer und Muskatnuss würzen und kurz abkühlen lassen. Die Kartoffeln grob reiben. Die Milch aufkochen, über die geriebenen Kartoffeln gießen und verrühren. Die Hefe in etwas lauwarmer Milch auflösen und mit dem Ei unter die Kartoffelmasse rühren. Dann nach und nach das gesiebte Mehl untermengen.

Mit dem Knethaken des Handrührers den Teig etwa 2 Minuten langsam, dann schneller 6 Minuten zu einem glat-

ten, festen Teig kneten. Eventuell etwas Mehl oder Milch zufügen, um den Teig weicher oder fester zu machen. Den Teig gemäß der Anzahl der Würste aufteilen. Die Würste in die Teigstücke einwickeln und zu schönen länglichen Laiberln formen, dabei die Würste etwa 2 cm dick ummanteln. Mit einem feuchten Tuch bedecken und 30 Minuten gehen lassen. Den Backofen auf 220 °C (Ober- und Unterhitze) vorheizen und die Würste im Teigmantel 25–30 Minuten goldbraun backen.

Für das Senf-Sabayon die Zwiebel und den Knoblauch hacken und zusammen mit Weißwein, Pfeffer,

Estragon und Estragonessig in einen Topf geben und einige Minuten köcheln lassen, dann den Sud durch ein Sieb abgießen. Eier und braunen Zucker in einem Schlagkessel verrühren. Den lauwarmen Sud zugießen und über einem heißen Wasserbad schaumig aufschlagen. Dann vorsichtig den Senf unterrühren und mit Salz abschmecken.

Das restliche Blaukraut fein schneiden und erhitzen. Auf Tellern verteilen, die Würste im Teigmantel schräg in etwa 2,5 cm breite Scheiben schneiden und darüberlegen. Zum Schluss das Sabayon dazugeben.

Stubenküken mit Spargel, Kürbispfannkuchen und geschmorten Tomaten

Für das Stubenküken

2 Stubenküken (à etwa 400 g)
350 g weißer Spargel, dicke Stangen
350 g grüner Spargel
Salz
Pfeffer
1 großes Bio-Ei
100 ml Milch
50 g Mehl Type 550
150 g Semmelbrösel
200 g Kirschtomaten
3 EL Olivenöl
100 g Butterschmalz
50 g Butter
250 g Sahne
brauner Zucker
20 g Petersilie, gehackt

Für die Kürbispfannkuchen

150 g Weizenmehl
50 g Kürbiskernmehl
250 ml Milch
Salz
2 EL Kürbiskernöl
3 Bio-Eier
50 g Butterschmalz

Für die Pfannkuchen beide Mehle mit der Milch glattrühren und salzen, dann Kürbiskernöl und Eier dazugeben. Den Teig kaltstellen. Vor dem Anrichten etwa 8 cm große Pfannkuchen in Butterschmalz rausbacken.

Die Stubenküken auslösen. Dafür die Keulen abtrennen und den Oberschenkelknochen auslösen. Den unteren Knochen vorsichtig am unteren Knochenende rundum vom Fleisch befreien. Anschließend die Flügelenden abtrennen. Die Brüste vorsichtig von der Karkasse lösen und mit dem Keulenfleisch kaltstellen.

Den weißen Spargel schälen und das holzige Ende entfernen. Dann den kompletten Spargel mit dem Spargelschäler in feine Streifen schneiden. Beim grünen Spargel die kleinen Seitenblätter und das Ende entfernen, dann die Stangen ebenfalls in feine Streifen schneiden. Brüste und Keulen der Stubenküken salzen, pfeffern und panieren. Dafür Ei und Milch verquirlen und in einen tiefen Teller geben. Das Fleisch zuerst im Mehl wenden, dann durch die Eimischung ziehen und schließlich in den Semmelbröseln wälzen.

Die Tomaten mit etwas Olivenöl beträufeln und im vorgeheizten Backofen bei 180 °C etwa 7 Minuten backen.

Die Stubenkükenteile im Butterschmalz goldbraun anbraten, dann zum Durchgaren und Warmhalten in den Backofen zu den Kirschtomaten geben.

Die Spargelstreifen in der Butter und dem restlichen Olivenöl kurz anschwitzen, die Sahne angießen und mit Salz, Pfeffer und Zucker abschmecken. Dann die Petersilie dazugeben und maximal 1 Minute einkochen lassen; der Spargel sollte noch Biss haben. Den Spargel ohne Flüssigkeit auf die Teller geben und ein schönes Nest formen. Darauf je eine Keule und eine Brust der Stubenküken anrichten. Die Pfannkuchen und die Tomaten anlegen und zum Schluss mit etwas Spargel-Sahne-Soße nappieren.

Bioputen-Fleischpflanzerl in Specksoße mit Petersilienwurzelpüree und Röstschalotten

Für die Fleischpflanzerl

2 altbackene Kaisersemmeln

20 g Petersilie

2 Schalotten, abgezogen

50 g Butterschmalz plus etwas mehr
  zum Anschwitzen

1 Knoblauchzehe, abgezogen

200 ml Milch

600 g Putenkeulenfleisch ohne Haut
  und Knochen

3 mittelgroße Bio-Eier

Salz

Pfeffer

edelsüßes Paprikapulver

2 EL Apfelmus

Semmelbrösel (bei Bedarf)

Für das Petersilienwurzelpüree

600 g Petersilienwurzeln, geschält

200 ml Gemüsebrühe
  (siehe Grundrezept Seite 287)

300 ml Milch

Salz

Pfeffer

20 ml Himbeeressig

100 g Sahne, geschlagen

Für die Specksoße

100 g geräucherter Wammerlspeck

300 ml Geflügelsoße
  (siehe Grundrezept Seite 290)

Röstschalotten
  (siehe Grundrezept Seite 280)

Kerbel

Die Semmeln in kleine Würfel schneiden. Petersilie und Schalotten fein schneiden und in etwas Butterschmalz leicht anschwitzen. Knoblauch fein hacken und ebenfalls kurz anschwitzen. Die Milch aufkochen und zusammen mit Petersilie, Schalotten und Knoblauch über die Semmelwürfel geben. Die Masse durchrühren und in den Kühlschrank stellen.

Das Putenfleisch wolfen (mittlere Scheibe) und die Eier zugeben. Mit Salz, Pfeffer, Paprikapulver, Apfelmus und der eingeweichten Semmelmasse vermengen. Sollte die Masse zu weich sein, mehr Semmelbrösel zugeben. Daraus je nach Vorliebe acht bis zwölf schöne Fleischpflanzerl formen.

Für das Püree die Petersilienwurzeln in etwa 1 cm große Würfel schneiden. In einen Topf geben, mit Gemüsebrühe und Milch aufgießen und langsam köcheln lassen, bis die Petersilienwurzeln weich sind. Fein stampfen und durch ein Haarsieb streichen, so wird es noch feiner. Mit Salz, Pfeffer und Himbeeressig abschmecken. Kurz vor dem Servieren die geschlagene Sahne unter das Püree ziehen.

Für die Soße den Speck in feine Würfel schneiden und in einer Pfanne ohne Fett knusprig auslassen. Mit der Geflügelsoße aufgießen und etwas einkochen lassen.

Die Fleischpflanzerl im Butterschmalz langsam von beiden Seiten ausbacken. Größere Pflanzerl zusätzlich im Backofen bei 160 °C weitere 5 Minuten garen.

Das Püree heiß auf die Mitte von vorgewärmten Tellern geben, die Fleischpflanzerl daraufsetzen und mit der Specksoße übergießen. Die Röstschalotten darüberstreuen und mit etwas frischem Kerbel garnieren.

Ganze gefüllte Biopute

Für die Pute

1 Biopute (etwa 3,5 kg)

6 altbackene Kaisersemmeln

2 Schalotten, abgezogen

1 Knoblauchzehe, abgezogen

1 Stängel Thymian

10 g Petersilie

50 g Butter plus etwas mehr
  zum Anschwitzen

50 g getrocknete Aprikosen

250 g frische Steinpilze

200 ml Milch

Salz

Pfeffer

frisch geriebene Muskatnuss

3 Bio-Eier

Für die Soße

1 große Gelbe Rübe

½ Knolle Sellerie

1 Metzgerzwiebel

700 ml Geflügelbrühe

Wacholderbeeren

1 Lorbeerblatt

Die Pute am Rücken aufschneiden. Das Rückgrat und die Brustknochen auslösen, dabei darf die Brusthaut keinesfalls eingeschnitten werden. Anschließend die Unterschenkelknochen auslösen. Die Oberschenkel- und Flügelknochen bleiben im Fleisch. Die ausgelöste Pute auf die Brust legen. Die Knochen aufbewahren.

Die Kaisersemmeln in Stücke schneiden und in eine Schüssel geben. Schalotten, Knoblauch und Kräuter fein hacken und in etwas Butter anschwitzen. Aprikosen und Pilze in feine Scheiben schneiden.

Die Pilze in 30 g Butter rösten, die Aprikosen zugeben und mitdünsten. Alles zusammen zu den Semmeln geben. Die Milch erhitzen und ebenfalls zugießen. Mit Salz, Pfeffer und Muskat würzen. Eier trennen, die Eigelbe in die Masse geben und vermischen. Die Eiweiße aufschlagen und anschließend unter die Masse heben.

Die Masse zu einem Laib formen, auf die Brust der Pute legen und die Seiten der Pute einschlagen. Wichtig ist, dass nicht zu viel Füllung in der Pute ist, weil die Masse beim Braten aufgeht und die Pute sonst reißen könnte. Den Rücken der Pute mit Küchengarn zunähen. Die Haut mit Salz und Pfeffer würzen.

Wurzelgemüse und Putenknochen in große Stücke schneiden. Anschließend in eine ausreichend große Reine geben und kräftig anbraten. Mit der Geflügelbrühe aufgießen, Wacholder und Lorbeer zugeben. Die Pute auf das Wurzelgemüse setzen und mit der restlichen Butter bestreichen.

Den Backofen auf 120 °C vorheizen und die Pute 2 Stunden im Ofen braten, dabei immer wieder mit Geflügelsoße übergießen. Dann die Temperatur auf 180 °C erhöhen und die Pute 30–45 Minuten knusprig braun braten (je nach Größe der Pute die Garzeit verlängern). Die Pute vorsichtig aus der Reine heben und ruhen lassen.

Den Bratensaft in einen Topf abseihen und einköcheln lassen. Abschmecken und eventuell mit Mehlbutter abbinden. Die Pute schräg zur Brust aufschneiden und zerteilen. Die Stücke auf Tellern verteilen, mit Soße übergießen und mit dem Wurzelgemüse aus der Reine servieren.

Ismaninger Kraut von Nikolaus Kraus

Hüter der letzten Riesen

»Ein Kindskopf ist er schon, der Krautkopf-König Nikolaus Kraus. Selten habe ich mitten auf dem Feld so viel gelacht. Hinter seinem heiteren Gemüt verbirgt sich eine zähe Seele und ein eiserner Wille. Tief verwurzelter Langmut. Was er macht, ist wichtig. Für ihn selbst, für uns wachsame Genießer und für das kulinarische Erbe Bayerns. Ein großes Wort? Finde ich nicht!«

Ort: Gemüsehof Kraus, Ismaning

Ist Ihnen schon mal aufgefallen, dass Gemüse immer kleiner wird? Zumindest in München ist die zunehmende Single-Portionierung auf den Marktständen nicht zu übersehen, im Supermarkt sowieso. Doch manchmal ist größer kulinarisch einfach besser, zum Beispiel beim Kraut. Das fängt schon bei den Klassikern an: Krautwickerl mit kleinen Blättern? Schwierig! Doch Gott sei Dank gibt es Menschen wie Nikolaus Kraus, die es gewohnt sind, mit großen Köpfen umzugehen.

Der Landwirtschaftsmeister Nikolaus Kraus ist auch Landtagsabgeordneter und ein Mann mit einem sehr langen Atem. Geht er auf den Neujahrsempfang des Ministerpräsidenten, wirft er sich ausnahmsweise in Schale und in einen Trachtenanzug, den er schon bei seiner Hochzeit trug. Geht er frühmorgens auf seine Felder, streichelt er die Köpfe seiner Ismaninger

Riesen. Bis zu zehn Kilogramm wird die auffallend mild-süße und lockerer gewickelte Weißkrautvariante schwer, die es so seit Jahrhunderten nur in Ismaning gibt, wo früher zwei große Krautfabriken standen. Heute wird das Ismaninger Kraut nur noch von zwei Landwirten angebaut, denn die Krautköpfe, die als beste Grundlage für Bayerisch Kraut gelten, sind beim Anbau handwerklich anspruchsvoll und beim Dünger wählerisch. Und wegen ihrer Größe und ihres unterschiedlichen Erntezeitpunkts wollen sich die Riesen nur von Hand ernten lassen. Jedes Trumm ein Relikt des guten Geschmacks.

Schon im Jahr 1509 wurde das Ismaninger Kraut erstmals urkundlich erwähnt, als die Ismaninger ihrem Bischof und Landesherrn 2500 Krautköpfe jährlich versprachen, wenn er ihnen im Gegenzug Gemeindegründe für den Krautanbau überließ. Seitdem ist

das Ismaninger Kraut auch als »Bischofskraut« und das Dorf nahe München als »Krautdorf« bekannt. In ganz Bayern wird übrigens doppelt so viel Weißkraut wie Rotkraut angebaut, beide enthalten viel Magnesium, Kalzium und Vitamine. Im Rotkraut, das neben Krautsalat auch als gekochtes Blaukraut eine traditionell wichtige Beilagenrolle spielt, steckt nochmal mehr Vitamin C, im Weißkraut die wertvolle Linolensäure, die Herz- und Kreislaufbeschwerden vorbeugen soll. Ein regionales Superfood! Dass es manchmal zu unerwünschten Blähungen kommt, dafür ist das in vielen mittlerweile gängigen Krautsorten enthaltene Acetylcholin verantwortlich, dem man oft mit einer Prise Kümmel begegnet, um das Kraut bekömmlicher zu machen. Beim Ismaninger Kraut von Nikolaus Kraus ist das nicht nötig. Alte, langsam wachsende Sorten, wie sie auch Stefan Blum beim Getreide oder die Gängers beim Spargel verwenden, sind nicht nur geschmackvoller und haben für den Koch oft Vorteile bei der Verarbeitung, sie sind meist auch spürbar verträglicher. Das ist also keine Retro-Nostalgie, sondern einfach gesündere Ernährung.

Moderne Krautsorten erlebe ich meist schärfer und bitterer. Aber ich mag Kraut am liebsten pur, einfach aufgehobelt, mit seiner feinen Süße schmeckt das dann wirklich großartig. So ein Kraut, solche seltenen Sorten, bekomme ich heute nur noch von traditionsbewussten Landwirten wie Nikolaus Kraus, der seine Köpfe aufopferungsvoll pflegt und dann von Hand erntet. Das sind die vielen Schritte mehr, die er gehen muss, und das tut er auch. Unbeirrbar. So viel Hingabe bewundere ich sehr.

In meiner Erinnerung war Kraut früher generell viel milder. Hatte es mehr Zeit, Sonne und Platz? Ich denke schon! Als ich ein Junge war, haben wir nahe des Donauufers frische Krautköpfe (und junge Maistriebe) aus dem Feld geklaut, haben mit den schweren Köpfen unterm Arm Fersengeld gegeben und uns versteckt, dann die äußeren Blätter entfernt und das Kraut gleich roh gegessen. Wie gut das war! Das vergesse ich nie. Später wurde ich dann dreifacher bayerischer Jugendmeister in der Leichtathletik. Jetzt wissen Sie, wie mein Training aussah.

Ganz privat

Lammgrillen im Garten

Niemand in meiner Familie stammte aus der Gastronomie, aber gut gegessen haben wir immer. Nicht nur bei meiner Mutter, die sehr gut kochen kann, war die Arbeit in der Küche mehr als ein Mittel zum Zweck. Es war ein Familienritual, ein Zusammenkommen und zur Ruhe kommen. Man hat sich Zeit genommen, bei der Zubereitung und beim Essen selbst, und das war auch bei meiner ganzen Verwandtschaft so.

Mit dem Bruder meiner Mutter, meinem Onkel Karl Heinz, war ich schon als kleiner Junge oft in unserem Waldhäusl im Bayerischen Wald und kochte mit ihm über einfachem Ofenfeuer. Er machte das zur Entspannung, ich machte es aus Begeisterung. Sowohl mein Onkel als auch das Ofenfeuer entfachten früh die Flamme in mir, einmal Koch zu werden. Sie ließ sich nicht mehr löschen.

Der Straubinger Ortsteil Ittling, in dem ich aufgewachsen bin, ist ein eingemeindetes Bauerndorf nahe der Donau. Für meine Familie war es immer selbstverständlich, zum Einkaufen frischer Produkte gewissermaßen nur über die Straße und in den nächsten Hof zu gehen. Milch, Butter, sogar Brot. Eier, Hühner, Gänse. Kartoffeln, Gurken, Salat, Körbe voller Gemüse. Das alles konnten wir mit dem Fahrrad besorgen. Kurze Wege? Etwas anderes kannte ich gar nicht! Auch beim Fleisch war auf diese direkte Weise viel möglich: Der Schweinebauer nebenan zog eine ganze Sau für uns auf. Dieser persönliche Austausch mit den Bauern und Züchtern, und das Wachstum und Werden der eigenen Lebensmittel ganz nah mitzuerleben, das wurde mir tatsächlich in die Wiege gelegt. Ich wurde am richtigen Ort geboren.

Vermeintlich Exotisches wie Lämmer und Ziegen waren für uns ganz normal. Ein Großteil meiner Familie war Eisenbahner, sie überwachten die Gleisanlagen und betätigten die Eisenbahnschranken. Ein sicherer Arbeitsplatz und begehrter Beruf, der allerdings nicht besonders gut bezahlt war. Deshalb durften sich die Eisenbahner Ziegen halten, die man launig »Eisenbahnerkühe« nannte. Darin steckte aber auch ein wahrer Kern, denn die weiblichen Ziegen, die Geißen, gaben täglich bis zu eineinhalb Liter wertvolle Milch – wofür man sie auf Knien melken musste – und warfen meist einmal im Jahr ein Zicklein. Damit die Ziegen nicht auf die Gleise kamen, wurden sie übrigens an Laufstricke angebunden, in denen sie sich gern auch mal verhedderten. Das Gemeckere war dann im weiten Umkreis zu hören.

Im nahen Bayerischen Wald, der gleich jenseits des Donauufers beginnt, hat neben der Ziegen- auch die Schafhaltung eine sehr lange Tradition. Jahrhundertelange Zuchtverfeinerung machte aus dem einstigen

Haarschaf einen wichtigen Wolllieferanten. Heute ist das Merinolandschaf die bedeutendste Rasse in Bayern und seine Wolle wird nicht nur für hochwertige Kleidung, sondern auch als Dämmmaterial und in jüngster Zeit auch als besonders nachhaltiger Dünger verwendet.

Mit rund einer Viertelmillion Tiere leben zwar immer noch zehnmal so viele Schafe wie Ziegen bei uns in Bayern, aber es werden immer weniger. Vor allem die einst so vertraute Wanderschafhaltung ist kaum mehr zu sehen. Das hat auch Folgen für die Landschaftspflege, denn die grasenden Herden verdichteten die Grasnarben und schützten so den Boden vor Erosion. Vor allem in schwer zugänglichen Gegenden wie in Wäldern und Bergregionen war dies ein willkommener Effekt. Damit das alte Schäferwissen nicht verloren geht, ist die süddeutsche Wander- und Hüteschäferei seit März 2020 Teil des »Deutschen Immateriellen Kulturerbes« der UNESCO.

Schafe und deren Lämmer werden heute hauptsächlich auf Weiden und im Winter im Stall gehalten, was immerhin den Vorteil hat, dass deren Aufzucht kontrollierter vonstatten geht. Lammfleisch war für mich schon immer eine Delikatesse. Es braucht nicht viel Drumherum, denn es schmeckt von sich aus wunderbar ausgewogen delikat. Auch den zarten und doch herzhaften Biss des feinfaserigen Fleisches mag ich sehr. Ich habe Ihnen ein Rezept aufgeschrieben, wie ich ein ganzes Lamm für Freunde oder die Familie im Garten grille, mit einer einfachen Marinade aus Rosmarin, Knoblauch und Olivenöl. Sie brauchen nur ein paar Ziegelsteine, einen großen Grillrost und kräftiges Buchenholz. Hauptsächlich Holzfeuer, nur wenig Kohle! Das Raucharoma wird dann viel feiner.

Bei Ziegen geht der Trend übrigens in die andere Richtung: Ihre Zahl nimmt in Bayern ständig zu. Ihr Fleisch ist cholesterinarm, Milch und Käse sind ein ge-

sunder Genuss. Außerdem sind die genügsamen Tiere relativ einfach zu halten, nur den Ruheplatz mögen sie bevorzugt erhöht, denn sie klettern gern. Für eine artgerechte Haltung birgt ein Ziegenstall deshalb oft Holzkonstruktionen mit mehreren Etagen. Ziegenbauern sind meist ziemlich gute Zimmerer.

Ziegenfleisch und Ziegenmilch werden wegen ihrer guten Verträglichkeit immer stärker nachgefragt. Auch Allergiker haben mit der Ziegenmilch keine Probleme, eher im Gegenteil. Am besten ist sie natürlich frisch vom Bauern. Mein Tipp: Wenn man sie einmal vorsichtig erhitzt, hält sie sich bis zu drei Tage. Alternativ kann man sie aber auch einfrieren. Für mich ist die »Eisenbahnerkuh« ein Stück Familiengeschichte, denn in unserer Familie erzählen sie sich diese Anekdoten noch heute.

Ganzes gegrilltes Lamm mit Kartoffel-Speck-Bohnen und Kräuteröl

Zutaten für 10–12 Personen

Für das Lamm

1 ganzes Lamm (etwa 10 kg)
2 Knollen frischer Knoblauch
100 g Rosmarin plus etwas mehr
  zum Garnieren
50 g grobes Meersalz
schwarzer Pfeffer aus der Mühle
500 ml Olivenöl extra vergine
1 Bio-Zitrone
2 Bio-Orangen
Kräuteröl
  (siehe Grundrezept Seite 293)

Für die Kartoffel-Speck-Bohnen

2 kg breite Bohnen
Salz
4 rote Zwiebeln, abgezogen
250 g Speck
2 kg Kartoffeln (Bamberger
  Hörnchen)
Pflanzenöl
20 g Bohnenkraut
geschroteter schwarzer Pfeffer

Außerdem

30 kg Buchenholz
10 kg Buchenholzkohle
12 Ziegelsteine
großer Grillrost

Das Lamm entbeinen, die Hüftknochen entfernen. Den Oberschenkel auslösen, die Rippen vom Rückgrat trennen, die Haut einritzen und zum Bauch hin abziehen. Das Schulterblatt von innen auslösen, das lediglich die Fußknochen und das Rückgrat im Fleisch bleibt. Sie können das Lamm natürlich auch vom Metzger entsprechend vorbereiten lassen.

Den frischen Knoblauch von den äußeren Hautschichten befreien, dann gemeinsam mit dem Rosmarin grob hacken. Mit Salz, Pfeffer und Olivenöl in eine Schüssel geben. Zitrone und Orangen mit Schale in dünne Scheiben schneiden und ebenfalls in die Schüssel geben. Die Masse mit den Händen kräftig verkneten. Das Lamm rundum mit der Marinade einreiben (dabei etwas Marinade aufbewahren) und 5 Stunden marinieren.

Das Buchenholz zu einem Holzstoß aufstapeln. Die Ziegelsteine um das Feuerholz aufrichten. Das Holz mit der Kohle zu einer schönen Glut abbrennen lassen. Den Rost auf die Ziegelsteine legen und das Lamm etwa 3 Stunden grillen. Dabei mehrmals vorsichtig wenden.

Für die Kartoffel-Speck-Bohnen die Bohnen putzen und in 5 cm lange Stücke schneiden. Kurz in Salzwasser blanchieren und kalt abschrecken. Die Zwiebeln klein schneiden und den Speck in Streifen schneiden. Die Kartoffeln waschen und mit etwas Öl in Alufolie wickeln und zum Garen am Rand der Glut platzieren.

Speck und Zwiebeln in einer Pfanne anbraten, die Bohnen zugeben, salzen und pfeffern. Sobald die Kartoffeln gar sind, diese aus der Glut nehmen, aus der Folie wickeln und zu den Bohnen in die Pfanne geben. Die Kartoffeln dabei leicht andrücken. Etwas von der aufbewahrten Lammmarinade zugeben, abschmecken und mit gehacktem Bohnenkraut bestreuen.

Das Lamm in Stücke teilen, auf das Bohnen-Kartoffel-Gemüse geben, mit grob gezupftem Rosmarin garnieren und auf den Familientisch setzen.

Fleischgerichte

mit Ziege & Lamm

Ziegenkitzroulade mit grünem Spargel und Vitelotte-Kartoffeln

Für die Roulade

600 g Ziegenkeule, in Scheiben
  à 150 g geschnitten
40 g Savora-Senf
30 g Butterschmalz

Für die Füllung

200 g Toastbrot ohne Rinde
1 Stängel Rosmarin
1 Stängel Thymian
½ Bund Petersilie
Salz
Pfeffer
2 Eigelb
1 Knoblauchzehe, abgezogen
2 Schalotten, abgezogen
100 g magerer Speck
30 g Butter
500 ml Ziegensoße
  (siehe Grundrezept Seite 292)

Für die Vitelotte-Kartoffeln

500 g Vitelotte-Kartoffeln
  (blaue Trüffelkartoffel)
10 g Meersalz
1 Stängel Rosmarin
grob gemahlener schwarzer Pfeffer
30 ml Olivenöl

Für den grünen Spargel

500 g grüner Spargel
30 ml Olivenöl
30 g Butter
1 Knoblauchzehe mit Schale
brauner Zucker
Meersalz

frittierte Salbeiblätter
geröstete Knoblauchzehen
Thymian mit Blüten

Die Ziegenkeulenscheiben unter Frischhaltefolie plattieren, auf einer Seite mit Savora-Senf bestreichen und in den Kühlschrank stellen.

Für die Füllung das Toastbrot in feine Würfel schneiden, die Kräuter fein hacken und mit je 1 Prise Salz und Pfeffer sowie den Eigelben in einer Schüssel verrühren. Knoblauch, Schalotten und Speck in feine Würfel schneiden und kurz in der Butter anschwitzen. Mit der Toastbrotmasse vermengen und diese gleichmäßig auf die mit Senf bestrichene Seite der Fleischscheiben geben. Die Scheiben mit der Füllung zu Rouladen rollen und mit Küchengarn binden.

Die Rouladen rundum salzen und pfeffern und in einer tiefen Pfanne gleichmäßig im Butterschmalz anbraten. Mit der Ziegensoße aufgießen und 1 Stunde bei geringer Hitze und geschlossenem Deckel langsam schmoren lassen. Die Soße bei geöffnetem Deckel noch etwas reduzieren.

Den Backofen auf 180 °C vorheizen. Die gewaschenen und trocken getupften Vitelotte-Kartoffeln mit Meersalz, Rosmarin, schwarzem Pfeffer und Olivenöl vermengen und auf einem Backblech verteilen. Je nach Größe etwa 20 Minuten im Ofen weich backen.

Für den Spargel die Köpfe mit 2–3 cm Stiel mit einem Messer abtrennen, die holzigen Enden abschneiden und die Stangen vorsichtig schälen. Das Olivenöl in einer Pfanne erhitzen und den Spargel darin von allen Seiten bissfest braten. Butter und angequetschten Knoblauch mit der Schale zugeben, den Spargel darin schwenken und mit etwas Zucker bestreut karamellisieren. Leicht salzen und zusammen mit den Vitelotte-Kartoffeln auf Küchenpapier abtropfen lassen.

Die Ziegenkitzrouladen aus der Schmorsoße nehmen und warm stellen. Die Soße durch ein feines Sieb in einen Topf passieren und abschmecken, gegebenenfalls noch etwas einkochen.

Den Spargel wie einen Scheiterhaufen auf den Tellern anrichten. Die Kartoffeln mit einer Gabel leicht andrücken und ebenfalls auf den Tellern verteilen. Die Ziegenkitzrouladen schräg halbieren, auf die Teller setzen und alles großzügig mit der kräftigen Soße übergießen. Nach Belieben mit frittierten Salbeiblättern, gerösteten Knoblauchzehen und Thymianblüten garniert servieren.

Bunter Bohneneintopf mit Lammbackerl und geselchtem Wammerl

Zutaten für 8 Portionen

Für den Bohneneintopf
100 g getrocknete schwarze Bohnen
100 g getrocknete rote Bohnen
100 g getrocknete weiße Bohnen
200 g Wachsbohnen
200 g grüne Bohnen
2 Zwiebeln, abgezogen
3 Knoblauchzehen, abgezogen
100 ml Sonnenblumenöl
1 kg Lammbackerl
200 g durchwachsener
  Räucherspeck
Salz
Pfeffer
1 TL edelsüßes Paprikapulver
2 l Gemüsebrühe
  (siehe Grundrezept Seite 287)
250 ml Rotwein
2 Lorbeerblätter
500 g reife Tomaten
1 Stängel Bohnenkraut
1 Stängel Thymian
1 Stängel Rosmarin
20 g Petersilie

Für den Zitrus-Sauerrahm
250 g Sauerrahm
Saft von 1 Bio-Zitrone
Saft von 1 Bio-Orange

Die getrockneten Bohnen etwa 5 Stunden jeweils separat in Wasser einweichen. Wachsbohnen und grüne Bohnen putzen und in etwa 3 cm lange Stücke schneiden. Zwiebeln und Knoblauch fein würfeln.

Das Öl in einem sehr großen Topf (10 Liter Volumen) erhitzen, die Lammbackerl darin scharf anbraten. Den Räucherspeck in 1 cm große Würfel schneiden, dann zusammen mit den Zwiebel- und Knoblauchwürfeln zum Fleisch in den Topf geben und mitbraten. Salzen, pfeffern und mit Paprikapulver bestäuben. Mit Gemüsebrühe und Rotwein aufgießen und etwa eine halbe Stunde leicht einköcheln lassen.

Die eingeweichten Bohnen abgießen und mit dem Lorbeer zum Fleisch geben, sanft etwa 1 Stunde weiterköcheln lassen.

Wenn das Fleisch und die getrockneten Bohnen weich sind, Wachsbohnen, grüne Bohnen und grob geschnittene Tomaten hinzugeben und 10 Minuten weiterköcheln lassen. Die Kräuter hacken und zufügen.

Den Eintopf vom Herd nehmen und ziehen lassen. Den Sauerrahm mit Zitronensaft und Orangensaft anrühren. Den Eintopf auf tiefe Teller verteilen, nach Wunsch ein paar frische Kräuter darüberstreuen und mit dem Zitrus-Sauerrahm servieren.

Schnitzel vom Zickerl mit gebratenem Kopfsalat, Apfelbeer-Sabayon und Popcorn

Für die Schnitzel

8 Ziegenschnitzel aus der Keule
  (à etwa 80 g)
Salz
Pfeffer
3 Bio-Eier
100 ml Milch
100 g Mehl
500 g Semmelbrösel
100 g Butterschmalz

Für das Apfelbeer-Sabayon

250 ml Apfelbeerensaft (Aronia)
4 Eigelb
Salz
Pfeffer
1 TL brauner Zucker
20 ml Apfelessig

Für den gebratenen Kopfsalat

4 Kopfsalatherzen
40 ml Olivenöl extra vergine
Salz
Pfeffer

Für das Popcorn

3 EL Popcornmais
Öl zum Braten
Salz
brauner Zucker

Die Schnitzel vorsichtig plattieren, salzen, pfeffern und panieren. Dafür Eier und Milch verquirlen und in einen tiefen Teller geben. Die Schnitzel zuerst im Mehl wenden, dann durch die Eimischung ziehen und schließlich in den Semmelbröseln wälzen. Im Butterschmalz braten.

Für das Apfelbeer-Sabayon den Apfelbeerensaft, Eigelbe, etwas Salz, Pfeffer, braunen Zucker sowie Apfelessig in eine Schlagschüssel geben und über Wasserdampf cremig aufschlagen.

Die Salatherzen halbieren und kurz in heißem Öl anbraten. Mit Salz und Pfeffer bestreuen.

Für das Popcorn etwas Öl in einem großen Topf sehr heiß werden lassen. Die Maiskörner hineingeben, den Deckel auflegen und die Maiskörner poppen lassen.

Die Kopfsalatherzen auf Tellern anrichten, die Schnitzel daneben platzieren und mit dem Sabayon nappieren. Das Popcorn nach Geschmack zuckern und salzen und darüber verteilen.

Mein besonderer Tipp

Für dieses Gericht können Sie im Prinzip jedes Fleisch verwenden. Besonders gut harmoniert neben Ziege auch Rehfleisch mit dem Apfelbeer-Sabayon.

Andreas Schinharl

»Ein bisserl Säure geht immer!«

Ein Wort zum Würzen

Also Herr Schinharl, höre ich manchmal, jetzt verraten Sie uns doch mal, warum man in vielen ihrer Rezepte eine Prise braunen Zucker findet! Ganz einfach, sage ich dann, weil es mir so besser schmeckt! Ein klein wenig Zucker, ein bisserl Säure geht immer! Auch in der bayerischen Küche mag ich im Hintergrund eine ganz leichte Karamellnote, sie gibt vielen Gerichten auf dezente Weise mehr Fülle, und dazu den Frischekick eines Spritzers Zitrone. Das bereitet dem Eigengeschmack eine Bühne und gibt vielen Rezepten eine schöne Balance. Bei guten Produkten muss es nicht immer der große Gewürz-Gongschlag sein. Ich würze immer mit Bedacht!

Würzen ist eh ein etwas enger Begriff, Aromatisieren wäre wohl besser. Bei mir als Wiesn-Küchenchef beginnt das meistens schon damit, dass ich mit einem Züchter gemeinsam festlege, welches Futter die Tiere bekommen, die ich ihm im nächsten Jahr in großer Zahl für das Oktoberfest abkaufe. Die Tiere haben dann einen einmaligen Eigengeschmack. Das ist mir lieber, als ein neutrales Stück Fleisch, das ich in eine spezielle Richtung würze und zubereite. Gut, das hilft Ihnen jetzt nicht weiter!

Was Ihnen aber weiterhilft, ist die Einsicht, dass Aromatisieren aus drei Elementen besteht: der Produktauswahl, der Garung oder Verarbeitung und dem Würzen, falls das dann überhaupt noch notwendig ist. Bei uns in Deutschland und leider auch in Bay-

ern ist es meist so, dass der Produktauswahl wenig, der Garung so gut wie keine und dem Würzen in einer Hauruckmentalität zu viel Aufmerksamkeit geschenkt wird, gern mit Hilfe vermaledeiter Gewürzmischungen. Bei unseren südlichen Nachbarn Frankreich oder Italien, wie auch bei unseren nördlichen Nachbarn Dänemark und auch in Island ist das beispielsweise ganz anders. Dort betrachtet man immer das ganze Gericht, gewissermaßen vom Acker bis zum Teller.

Nun muss man es ja nicht so weit treiben wie die Schweizer, die Wild zur Selbstaromatisierung in dessen Eigenblut schmoren, was ich persönlich sehr mag. Aber man sollte sich schon überlegen, was ein Produkt oder ein Gericht an zusätzlichen Zutaten oder Gewürzen braucht, um tatsächlich besser zu werden, denn eine unauffällige Zutat ist fast immer eine überflüssige Zutat. Statt einem ständigen Mehr in Pfanne, Topf und Teller verdient die Zubereitung mehr Aufmerksamkeit.

Sie wissen ja, dass ich Biss schätze. Beim Gemüse, beim Fleisch, ganz grundsätzlich. Aber der Biss sollte im Produkt bereits vorhanden sein, das Produkt sollte so gut sein, dass die Garung den Genuss unterstreicht, aber nicht zur alleinigen Aromatisierung dient. Ich sehe zum Beispiel das lange Niedrigtemperaturgaren kritisch, denn das Fleisch oder Gemüse verliert dabei an Kraft. Was ist das für eine Zubereitungsart, wenn das Produkt einen Teil seiner Essenz verliert? Keine, die ich in der bayerischen Küche sehen möchte. Schenken Sie deshalb bitte neben dem Einkauf der angemessenen Garung mehr Aufmerksamkeit, dann müssen Sie grundsätzlich weniger würzen. Meine Lieblingszutat ist Zeit. Mein Lieblingsgewürz ist Aufmerksamkeit.

Aber natürlich habe auch ich ein Gewürzregal, einen Gewürzkühlschrank und ein Gewürzfensterbrett. Salz in verschiedenen Darreichungsformen – fein, grob, flockig – gehört immer dazu. Experimentieren Sie auch mit verschiedenen traditionellen Steinsalzarten, da gibt es viel zu entdecken. Pfeffer in verschiedenen Varianten wird bei mir immer frisch gemahlen. Die eingangs erwähnte Säure hat in Bayern ja eine lange Tradition, denken Sie nur an eine sommerlich-erfrischende Sulz oder Eingemachtes, wie meine geliebten Gewürzgurken. Neben Essig nutze ich gern Zitronensaft. Mit Zitronenabrieb gehe ich den Schritt ins noch Fruchtigere, damit lässt sich ein Gericht geradezu parfümieren. Die delikaten, feinen Salzzitronen, deren Rezeptur ich Ihnen am Ende des Buches aufgeschrieben habe, sind mein Geheimtipp als raffinierte Fischwürze. Sie brauchen etwas Vorlauf, aber es lohnt sich, einen Vorrat anzulegen.

Bei gemahlenen Gewürzen ist ein Vorrat übrigens nicht zu empfehlen, denn sie verlieren bereits nach einem Jahr an Intensität und das Aroma beginnt sich zu verflüchtigen. Pfefferkörner im Ganzen oder auch die Muskatnuss halten dagegen problemlos mehrere Jahre. Auch bei Gewürzen gilt also: Weniger ist mehr. Investieren Sie in richtig gute Gewürze! Dafür schicke ich Sie aber diesmal ausnahmsweise nicht auf den Wochenmarkt, denn dort werden Gewürze und Kräuter gern offen oder gut sichtbar in Klarsichtbeuteln präsentiert. Das tut ihnen nicht gut, denn Gewürze werden wie Bier gern dunkel und kühl gelagert. Gehen Sie also besser ins Fachgeschäft, in München gibt es da eine schöne Auswahl. Empfehlenswert ist das bereits 1887 gegründete Kräuterparadies Lindig von Dirk und Sabine Bäumler, das Sie in jedem Fall schlauer verlassen, als Sie hinein-

gegangen sind. Oder Sie bestellen online, zum Beispiel beim Alten Gewürzamt des leider bereits verstorbenen Kochs und Gewürzpioniers Ingo Holland.

Frisch auf dem Fensterbrett habe ich immer Petersilie, Liebstöckel und Schnittlauch. Jungen Knoblauch bewahre ich im Kühlschrank auf. Thymian und Rosmarin verwende ich auch gern frisch, bleibt etwas übrig, lasse ich den Rest vorsichtig trocknen. Majoran und Lorbeerblätter habe ich immer getrocknet zur Hand. Schärfe jenseits von Pfeffer kommt nur selten vor in meiner bayerischen Küche. Geht es um die Schärfe allein, dürfen es auch mal pulverisierte Chilischoten sein. Paprika verwende ich dagegen etwas häufiger, er hat in Bayern eine lange Tradition, mit seinem fülligen, erdigen Aroma.

Zunehmend skeptisch sehe ich die Gewürzmischungsschwemme der letzten Jahre, von bekannten Gesichtern vorangetrieben. Kaufmännisch mag es ja sinnvoll sein, dass man seine Kochkreativität mittels Gewürzmischungen weiterreicht, aber kulinarisch? Gewürzmischungen spielen in den aromenstarken Küchen des indischen Subkontinents oder der arabischen Halbinsel eine elementare Rolle. Auch in Asien gibt es lange Traditionen. Doch das wichtigste Element der bayerischen Küche ist Zeit. Verstehen Sie mich nicht falsch: Ich habe nichts gegen einen Blick über den Tellerrand, eine italienische Kräutermischung im Dressing eines Beilagensalats oder Kräuter der Provence zum heimischen Sommergemüse sind eine feine Sache. Aber erzählen Sie mir bitte nicht, dass man für jedes Gericht eine Gewürzmischung braucht. Was man immer gebrauchen kann, ist ein guter Mörser. Er reibt, zerkleinert und mischt ja nicht nur, er kann Gewürze wiederbeleben, er massiert sie geradezu. Wenn

Sie noch mehr Aroma entfalten wollen, erhitzen Sie die Gewürze kurz in der trockenen Pfanne, bevor Sie sie mörsern. Auch eine oder mehrere gute Pfeffermühlen und eine Reibe für die Muskatnuss sind eine gute Idee.

Ausnahmen gibt es natürlich immer: Wie beim Schwarzgeräucherten ist auch beim bayerischen Grillhendl die Gewürzmischung traditionell essenziell. Ohne eine knusprige, würzige Haut ist ein bayerisches Grillhendl nicht vorstellbar. Außen würzig, innen zart und saftig, ist die Devise. Das ist bei den Rotisserien, die man in Frankreich auf jedem Wochenmarkt findet, anders. Bei deren Label-Rouge-Hühnern hat bereits das Hühnerfett eine starke Eigenaromatik. Das ganze Huhn ist purer Geschmack, gewürzt wird eher zurückhaltend. Eine andere Tradition, aber auch resultierend aus einem lange verwurzelten Anspruch an die Produktqualität.

Bei mir auf der Wiesn erleben Sie beide Varianten, Gewürz als große Geste und in sehr subtiler Form: Das Grillhendl, bei dem die Gewürzmischung als Marinade und ihre zweite Wirksamkeit während des Grillens den Geschmack wesentlich bestimmen. Und auf der anderen Seite die Brotzeit als möglichst puren Genuss. Hier ist die Gewürzgurke – der Name sagt es schon, nur versteht ihn so kaum jemand – ein Gewürz, ein wenig Säure, eine Erfrischung. Auch das Salz auf der Laugenbreze von Stefan Blum ist das Gewürz des ganzen Brettls, die Brezn selbst würde das Salz ja gar nicht brauchen.

Jagd und Wildmetzgerei mit Alfons »Ale« Jungmayer
Die Ästhetik des Archaischen

»Halten Sie Ausschau nach Wildfleisch! Es gibt kein ursprünglicheres Fleisch, kein regionaleres und kein nachhaltigeres. Und allen gejagten Wildarten gemein ist die artgerechte Haltung im natürlichen Umfeld und der stressfreie, geradezu respektvolle Tod. Auch heute noch wird jedem erlegten Wild mit der letzten Äsung die Ehre erwiesen: Es bekommt vom Jäger einen frischen Trieb in den Äser, also das Maul gelegt, als Symbol für die letzte Mahlzeit.«

Ort: Wildmetzgerei Jungmayer, Geiselhöring

Bei den Jungmayers in Geiselhöring war immer einer aus der Familie Metzger. Auch Alfons, den in seiner Heimat und darüber hinaus alle »Ale« nennen, führt die Familientradition fort. Selbst wenn ihm das Pausbäckige des Metzgers fehlt, das Rotbackige hat er schon, denn der Mann ist viel unterwegs, vor allem in der Natur. Ihn als Jäger passioniert zu nennen – und von einer tiefen Ehrfurcht und Liebe für Wald und Wild erfüllt – war selten zutreffender. Zurück in der Produktion, mit einer frisch erlegten Wildsau im Schlepptau, erlebt man einen Handwerksmeister von tiefstem Ernst und stiller Hingabe, der mit einer Präzision und auch der asketischen Erscheinung, die an einen japanischen Sushi-Meister erinnert, die Sau zerlegt. Blitzschnell, behände, ohne einen einzigen Blutspritzer am Metzgergewand. Nebenbei erzählt er vom Wert des Wildes. Aus alledem spricht Respekt.

Gemeinsam mit ihm auf die Jagd zu gehen, sind archaische Momente reifer Würde und echter Anteilnahme. Mit einem erfahrenen Jäger an seiner Seite

taucht man in den Wald geradezu ein. Mit einer spürbaren inneren Ruhe spricht Ale leise darüber, dass sich die Bestände von Rehwild und Wildschweinen in den bayerischen Wäldern in den letzten Jahrzehnten vervielfacht hätten. Für den Wald ist das ein Problem, denn allen voran Rehwild verursacht hohe Verbissschäden, weil es nun mal liebend gern junge Triebe von Tannen, aber auch von Laubbäumen wie Buchen, Eichen und Ahorn frisst. Das sind nicht nur wirtschaftliche Einbußen für den Waldbesitzer, es bringt auch schnell die ganze Ökologie des Waldes in Schieflage, wenn die Fichte, die das Reh heikel verschmäht, sich nahezu ungebremst ausbreiten kann. Denn während die Lieblingstriebe des Rehes als artenreicher Mischwald robust den vielen Facetten des Klimawandels widerstehen können, ist eine Fichten-Monokultur viel anfälliger für Sturmwürfe, Trockenheit oder auch den Borkenkäfer.

Für die bayerischen Jäger ist es eine immense Herausforderung, jedes Jahr mehrere 100 000 Rehe zu

erlegen. Und das ist ja nicht alles: Allein in Ales Kreisgruppe kamen letztes Jahr noch 900 Wildschweine dazu. Große Zahlen, für die es gut ausgebildete – bis zur Jägerprüfung sind es 120 Stunden –, und darüber hinaus auch erfahrene und routinierte Jäger braucht. Schließlich ist nicht jeder Schuss ein guter Treffer, was nicht nur für das Tierwohl relevant ist, sondern auch für den Wildmetzger. Als solcher hat Ale Jungmayer ein ureigenes Interesse daran, dass die Wildpopulationen reguliert werden und sich der Wald als Rückzugsort und Nahrungsquelle des Wildes ständig verjüngen und regenerieren kann. Werden nämlich die Bestände zu hoch, nimmt im Zuge zunehmender Konkurrenz der Stress innerhalb einer Population zu, und die Tiere werden anfälliger für Krankheiten. Das

wiederum wäre fatal für das Wildfleisch, das eigentlich großartige Voraussetzungen mitbringt: abwechslungsreiche, natürliche Ernährung und ein ungezwungenes, glückliches Leben mit viel Bewegung in Freiheit und im bevorzugten Lebensraum. Man muss also letztendlich immer beides sehen: den Wald und das Wild – und dass eine verantwortungsbewusste, respektvolle und gekonnte Jagd für beide eine Wohltat sein kann.

Als erfahrener Metzger widmet sich Ale Jungmayer mittlerweile ganz der Wildmetzgerei. Das liegt am üppigen Angebot hervorragender Wildfleischqualität und am wachsenden Bewusstsein und der steigenden Nachfrage. Das liegt aber wohl auch an seinem

Streben nach dem Purismus der Ursprünglichkeit, das sich aus seinem Wesen immer mehr Bahn bricht und das sich aus meiner Sicht mit seiner Jägerehre auf unnachahmliche Weise vereint. Ich kann Ale lange zuhören, wenn er über Wildfleisch spricht, über die Kraft, die es hat und die zarte Kernigkeit. Dass Wildschweinfleisch eine stärkere Wildnote hat als das Fleisch vom Rehwild oder das noch feinere Rotwildfleisch, aber auch eine Kompaktheit, wie man sie in Mastbetrieben nie finden wird. Ich nicke dann nur. Wir haben schon oft für das Oktoberfest zusammengearbeitet. Seine Wildsalamis sind eine Zierde für jedes Brotzeitbrettl. Seine »einfache« Rehpastete ist für mich die geilste Wildstreichwurst, die es gibt. Ale würde das nie so sagen. Ich schon.

Da fällt mir noch ein: Die Innereien von Rotwild und Rehwild sind eine Delikatesse, zu Hirschleber und Rehzunge habe ich Ihnen jeweils ein Rezept aufgeschrieben. Nach dem bayerischen Jagdrecht stehen sie allerdings demjenigen zu, der das Wild aufbricht, also ausweidet. Wildinnereien gibt es deshalb selten zu kaufen und man findet sie kaum auf den Speisekarten der Gastronomie. Wenn Sie keinen Wildmetzger wie Ale Jungmayer in der Nähe haben, kann es sich lohnen, sich im Freundes- und Bekanntenkreis nach einem Jäger umzuhören oder den Wildspezialisten auf dem Wochenmarkt gezielt anzusprechen. Oft ist dann eine Vorbestellung möglich.

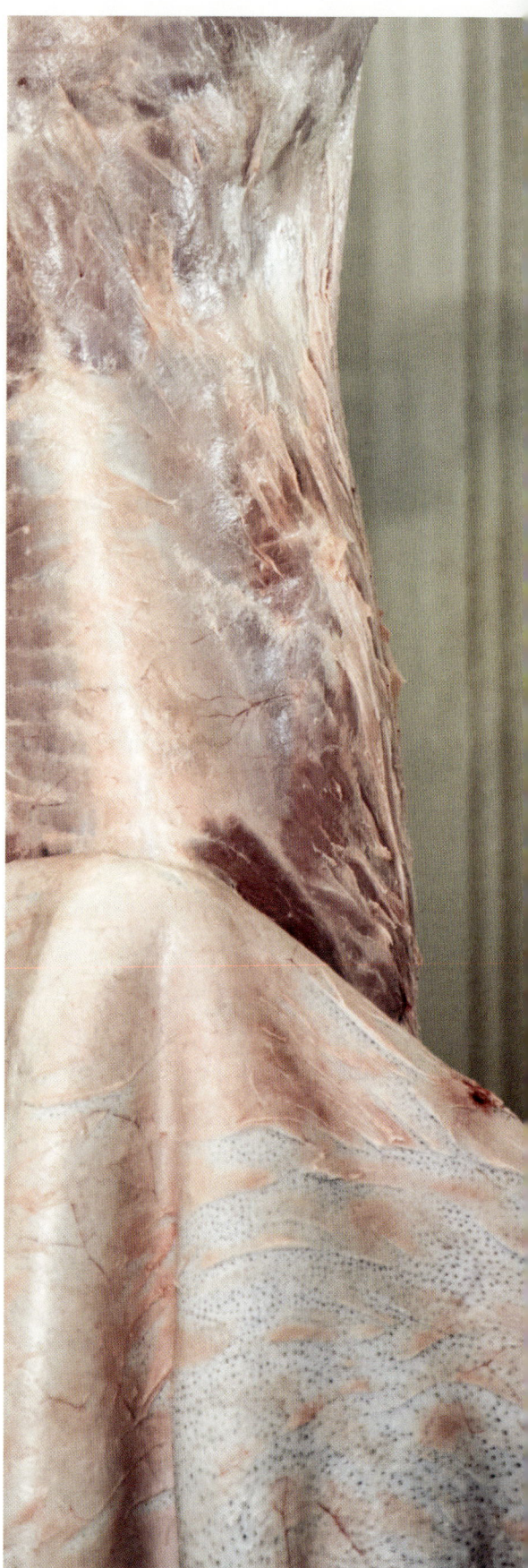

Ganz privat

In die Schwammerl gehen

Pilze werden in Bayern liebevoll Schwammerl genannt. Und Schwammerlsucher gab es früher in fast jeder Familie. Das war auch deshalb eine sinnvolle Tradition, weil damit wichtiges Wissen weitergegeben wurde. Immerhin wachsen in Bayern mehrere 1000 große Pilzarten. Davon sind nur gut 100 als Speisepilze genießbar und ebenso viele sind richtig giftig. Deshalb gilt die goldene Regel: Nur was zweifelsfrei als Speisepilz erkennbar ist, darf auch gegessen werden. Ein Pilzbuch ist ein guter Einstieg und mittlerweile gibt es auch entsprechende Smartphone-Apps, wobei man darauf achten sollte, ob diese auch offline im Wald funktionieren.

Damit die Schwammerlsuche erfolgreich sein kann, muss das Wetter passen. Relativ feucht sollte es sein und nicht zu kühl. Ein Wechsel von Regen und Sonne ist ideal und lässt die Schwammerl sprießen. Früher war dies hauptsächlich im Spätsommer und im sonnigen Frühherbst der Fall, mittlerweile wird man immer häufiger bereits im Frühling fündig, der bei uns immer wärmer wird. Relativ leicht erkennbar ist der Unterschied zwischen Lamellenpilzen wie dem wunderschönen Parasol und Röhrlingen wie dem beliebten Steinpilz oder dem Maronenröhrling mit ihrer eher schwammigen Struktur. Röhrlinge haben für Ungeübte den Vorteil, dass es unter ihnen keine wirklich giftigen Vertreter gibt. Wer allerdings einen Satans-Röhrling erwischt, plagt sich damit einige Tage.

Auch wer einen bitteren Gallenröhrling im Essen hat, der dem Steinpilz zum Verwechseln ähnlich sieht und an seinem schwachrosa Schwamm erkennbar ist, schmeckt das sofort. Zum Parasol, den ich wegen seines leicht nussigen Aromas sehr schätze, habe ich Ihnen ein Rezept geschrieben, bei dem ich die Parasolköpfe wie Ravioli mit Rehfleisch und Wildpreiselbeeren fülle und sie dann in einer Kräuterpanade ausbacke. Dieses Rezept ist für mich ein Fest des Waldes und doch eine Überraschung, weil ihm die sämige Schwere fehlt, die man von vielen Pilz- und Wildrezepten kennt. Am besten genießt man dieses Gericht im Freundeskreis, denn es macht nicht nur Spaß, sondern auch richtig Eindruck und nach erfolgreicher Schwammerlsuche gibt es ja immer viel zu erzählen.

Bis man allerdings selbst zum Pilzexperten geworden ist, sollte man seine Funde vor der Verarbeitung und dem Auftischen unbedingt begutachten lassen. Am besten haben Sie daher beim Schwammerlsuchen immer einen zweiten Korb oder eine extra Stofftasche dabei, in die Sie all diejenigen Pilze legen, bei denen Sie sich nicht 100-prozentig sicher sind. Wer keinen Spezialisten mehr in der Familie hat, findet dafür in vielen Städten und Gemeinden Pilzberatungsstellen. Viel lernen kann man auch bei den Pilzführungen von Pilzvereinen und natürlich dort, wo es Menschen gibt, die sich mit Schwammerln auskennen: auf dem Wochenmarkt.

Was dem Italiener sein Parmesan, das sind für mich Schwammerl. Sie lassen sich sehr gut bevorraten, zum Beispiel einmachen oder trocknen, und geben vielen Gerichten eine gewisse Tiefe und Würze, diese Extraportion Umami. Deshalb kann man gar nicht zu viel von ihnen haben, doch das kann beim Schwammerl suchen schnell mal passieren. Denn gute Schwammerlplätze – Steinpilze wachsen zum Beispiel gern in der Nähe von Fichten – sollte man bei passendem Wetter ruhig häufiger besuchen. Das Myzel eines Pilzes im Waldboden bildet oft mehrere Fruchtkörper, die innerhalb kurzer Zeit neue Schwammerl wachsen lassen.

Fleischgerichte

mit Wild

Parasolpilzravioli in Kräuterpanade mit Rehfleischfüllung, Wildpreiselbeeren und Limetten-Orangen-Sauerrahm

Für die Pilzravioli

8 große Parasolpilzköpfe
10 g glatte Petersilie
10 g Kerbel
10 g Schnittlauch
1 Stängel Thymian
5 Nadeln Rosmarin
1 Blatt Salbei
1 Scheibe Toastbrot, Rinde entfernt
4 Bio-Eier
250 ml Milch
Salz
Pfeffer
150 g Mehl
1 l Sonnenblumenöl

Für die Füllung

1 Schalotte, abgezogen
1 Knoblauchzehe, abgezogen
250 g Rehhackfleisch
1 Bio-Ei
gemahlener Piment

Für die Wildpreiselbeeren

100 g Wildpreiselbeeren
50 g Zucker
abgeriebene Schale von
  je ½ Bio-Orange und -Zitrone
20 ml roter Portwein
20 ml Cognac

Für den Limetten-Orangen-Sauerrahm

1 Becher Sauerrahm
abgeriebene Schale von
  je ½ Bio-Orange und -Limette

Die Parasolpilzköpfe vorsichtig mit einem Geschirrtuch oder einem Pinsel säubern (nicht mit Wasser).

Für die Füllung Schalotte und Knoblauch fein hacken und mit dem Rehhackfleisch vermischen. Das Ei dazugeben und mit Salz und Pfeffer sowie einer Messerspitze Piment abschmecken. Kühl stellen.

Die Wildpreiselbeeren waschen, trocken tupfen und mit den restlichen Zutaten vermischen. Bei Zimmertemperatur ziehen lassen und dabei immer wieder sanft vermengen.

Für die Panade alle Kräuter in einem Mörser zu einer feinen Paste reiben. Den Toast in Stücke schneiden und zu feinen Bröseln reiben. Die Kräuterpaste mit den Bröseln vermengen, bis die Brösel die Paste vollständig aufgenommen und deren grüne Farbe angenommen haben. Etwas antrocknen lassen.

Eier, Milch, Salz und Pfeffer verrühren und in einen tiefen Teller geben. Vier Parasolpilzköpfe mit je einem Viertel der Rehfleischfüllung und 1 Teelöffel Wildpreiselbeeren füllen und mit einem zweiten Parasolpilzkopf verschließen. Vorsichtig erst im Mehl wenden, dann durch die Eimischung ziehen und schließlich in den Kräuterbröseln wälzen. Leicht festdrücken.

Das Pflanzenöl in einem Topf auf 150 °C erhitzen und die Pilze darin nacheinander frittieren. Herausnehmen und auf Küchenpapier abtropfen lassen.

Den Sauerrahm mit Limetten- und Orangenabrieb verrühren. Die Pilzravioli mit den restlichen Wildpreiselbeeren und dem Limetten-Orangen-Sauerrahm anrichten.

Probieren Sie es aus!

Die Hirschleberknödel schmecken ganz hervorragend auch als Suppeneinlage in einer würzigen Wildbrühe. Dafür können sie gebraten oder gekocht verwendet werden.

Gebackene Hirschleberknödel mit Rahmwirsing und Hagebutten-Zwiebel-Marmelade

Für die Hagebutten-Zwiebel-Marmelade

6 große rote Zwiebeln, abgezogen

1 rote Chilischote

250 g geputzte und entkernte Hagebutten
(etwa 450 g Ausgangsgewicht)

60 ml Olivenöl

120 g brauner Zucker

75 ml roter Portwein

75 ml weißer Portwein

125 ml Apfelessig

Salz

Pfeffer

frische Kräuter nach Belieben

Für die Leberknödel

1 Apfel

2 Schalotten, abgezogen

1 Knoblauchzehe, abgezogen

½ Bund glatte Petersilie

1 Stängel Majoran

60 g Butter plus etwas mehr zum Fetten

400 g Hirsch- oder Rehleber

10 altbackene Semmeln, gewürfelt, oder
Knödelbrot

2 Bio-Eier

1 Msp. Piment

20 ml roter Portwein

Für den Rahmwirsing

½ Wirsing

1 Schalotte, abgezogen

½ Knoblauchzehe, abgezogen

30 g Butter

250 ml Gemüsebrühe
(siehe Grundrezepte Seite 287)

250 g Sahne

Salz

Pfeffer

frisch geriebene Muskatnuss

Für die Hagebutten-Zwiebel-Marmelade die Zwiebeln in feine Würfel und die Chilischote in feinste Ringe schneiden. Mit den Hagebutten im Olivenöl anschwitzen. Mit einem Drittel des Zuckers karamellisieren, mit Portwein ablöschen und etwas einkochen lassen. Dann Apfelessig und restlichen Zucker zugeben und 45 Minuten leicht köcheln lassen, mit Salz und Pfeffer abschmecken. Heiß in kleine Weckgläser füllen, gut verschließen, auf den Deckel stellen und abkühlen lassen.

Für die Leberknödel den Apfel schälen, das Kerngehäuse entfernen. Das Fruchtfleisch in grobe Stücke schneiden, Schalotten und Knoblauchzehe in kleine Würfel schneiden. Petersilie und Majoran fein hacken. Alles zusammen in der Hälfte der Butter anschwitzen und abkühlen lassen. Die Mischung anschließend mit der Leber durch die feine Scheibe des Fleischwolfs drehen.

Den Backofen auf 160 °C vorheizen. Die Semmelwürfel in eine große Schüssel geben. Mit gewolfter Leber, den Eiern, Salz, Pfeffer, Piment und Portwein zu einer Knödelmasse vermengen. Daraus Knödel (à etwa 90 g) formen. In einer gebutterten Braten- oder Auflaufform etwa 20 Minuten im vorgeheizten Ofen backen.

Für den Rahmwirsing den Wirsing in feine Streifen schneiden. Schalotte und Knoblauch fein würfeln. Wirsingstreifen, Schalotten- und Knoblauchwürfel in der Butter anschwitzen, mit der Gemüsebrühe aufgießen und etwas einköcheln lassen. Die Sahne einrühren und mit Salz, Pfeffer und Muskat abschmecken.

Die gebackenen Leberknödel kurz vor dem Servieren in der restlichen Butter anbraten. Den Rahmwirsing auf tiefe Teller verteilen, die Leberknödel mittig darauf anrichten und je 1 Esslöffel Hagebutten-Zwiebel-Marmelade daraufsetzen. Nach Belieben mit frischen Kräutern garniert servieren.

Krautwickerl vom Wildfasan, Erdäpfelstampf und Tresterrahmsoße

Für die Krautwickerl

2 Fasane
100 g kernlose Weintrauben
2 Schalotten, abgezogen
1 Knoblauchzehe, abgezogen
1 Stängel Thymian
80 g Butterschmalz
2 EL Traubenessig
1 TL Honig
2 EL mittelscharfer Senf
Salz
Pfeffer
1 großer Weißkrautkopf
2 große Gelbe Rüben, geschält
200 g geräucherte Speckscheiben
2 l Hühnerbrühe (siehe Grundrezept
   Seite 287, Knochen vom Fasan
   verwenden)
40 ml Tresterbrand
1 EL Sauerrahm

Für den Erdäpfelstampf

1 kg mehligkochende Kartoffeln, geschält
150 g Butter
Salz
Pfeffer
frisch geriebene Muskatnuss
200 ml warme Milch
Kerbel zum Garnieren

Für die Krautwickerl die Fasane auslösen und die Haut abziehen. Sämtliche Schrotkörner sorgfältig entfernen. Anschließend die Brüste und die ausgelösten Keulen plattieren und kalt stellen.

Die Hälfte der Trauben fein hacken, ebenso Schalotten, Knoblauch und Thymian und alles in etwas Butterschmalz dünsten. Die restlichen Trauben zugeben und mitdünsten. Mit dem Essig ablöschen, dann Honig und Senf einrühren und mit Salz und Pfeffer abschmecken. Die Fasanenteile mit der Flüssigkeit gut einreiben und etwa 1 Stunde marinieren. Gedünstete Trauben und restliche Flüssigkeit beiseitestellen.

Die äußeren Blätter vom Weißkraut entfernen. Den Strunk großzügig herausschneiden. Anschließend den Weißkrautkopf in kochendem Salzwasser einige Minuten kochen, dabei den Krautkopf mit dem Strunk nach unten unter Wasser drücken. Anschließend in kaltem Wasser abschrecken und in schöne große Blätter zerlegen. Auf einem Geschirrtuch trocknen lassen.

Die gelben Rüben in feine Streifen schneiden, die Streifen mit den Speckscheiben der Länge nach abwechselnd auf die Krautblätter legen. Das marinierte, in Stücke geschnittene Fasanenfleisch darauf anrichten und mit der restlichen Marinade einstreichen. Mit dem Kraut einwickeln, sodass ein schönes Wickerl entsteht. Mit Küchengarn über Kreuz zubinden und mit Salz und Pfeffer würzen.

Den Backofen auf 160 °C vorheizen. Die Krautwickerl in einer Reine im restlichen Butterschmalz rundum anbraten. Anschließend mit Brühe aufgießen und im Ofen etwa 50 Minuten garen.

Für den Erdäpfelstampf die Kartoffeln vierteln und in Salzwasser weich kochen. Die Butter in einem Topf langsam erhitzen, bis sie nussig riecht und leicht bernsteinfarben ist. Die gegarten Kartoffeln abgießen, die

braune Butter durch ein feines Sieb zu den Kartoffeln gießen. Salz, Pfeffer, Muskat und warme Milch zugeben. Die Kartoffeln mit einem Kartoffelstampfer nach Belieben grob oder fein zerdrücken.

Die Reine mit den Krautwickerln aus dem Ofen nehmen. Die Soße in einen Topf passieren und auf etwa 500 ml reduzieren. Tresterbrand und Sauerrahm zugeben und mit einem Stabmixer zu einer leichten Rahmsoße mixen.

Die beiseitegestellten gedünsteten Trauben in der Flüssigkeit erwärmen.

Einen Soßenspiegel auf die Teller geben, die Krautwickerl schräg aufschneiden, und darauf anrichten. Den Erdäpfelstampf in schönen Nockerln und die gedünsteten Trauben danebensetzen. Mit Kerbel garniert servieren.

Zuchthirsche von Erwin Mauerer

Ein Prinz aus Dänemark

»Erwin Mauerer ist ein erfolgreicher niederbayerischer Unternehmer. Seine Firma für Heizung, Sanitär und Haustechnik spannt ihn eigentlich komplett ein. Doch er trägt nicht nur mit einer Reihe weiterer großartiger Geschäftsleute meinen Lieblingseishockeyclub aus Straubing auf seinen Schultern, er hat auch rund um sein Wildgehege im Bayerischen Wald landwirtschaftliche Gebäude aufs Feinste saniert und bringt einen ganzen Landstrich zum Glänzen. Wohlgemerkt: Der Mann könnte auch zur Entspannung Golf spielen. Doch Erwin steht lieber morgens um vier auf und macht mit seinem Metzger Wildwürste.«

Ort: Hirschzucht Erwin Mauerer, Blumern bei Haibach

Wenn ein Erfolgsmensch sich einen Wunsch erfüllt, einen Hobbytraum realisiert, lächelt man als Profi schnell milde. So richtig ernst kann das ja nicht gemeint sein. Doch Erwin Mauerer ist ein Macher. Einer der wenigen Menschen, die mehr tun als reden und Dinge verwirklichen, an die sonst niemand glaubt. Eine Hirschzucht im Bayerischen Wald? Mach doch, stell dir ruhig ein paar Hirsche hin! Dabei übersieht man schnell, dass bei einem Vollblut-Unternehmer wie Mauerer selbstverständlicher Fleiß, eine starke Vision und die Freude an neuem Wissen immer Hand in Hand gehen, und dazu kommt ein unbändiger Wille zur Umsetzung.

Von einem Hobbytraum kann bei Erwin eh nicht die Rede sein, eher von einem fast zwangsläufigen, wenn auch ungewöhnlichen Weg. Mit 20 machte er seinen Jagdschein, mit 21 beendete er die Meisterschule und setzte die berufliche Familientradition fort. Schon der Opa war Dorfschmied, der Vater Spengler und Instal-

lateur. Als Letzterer jung an einem Herzinfarkt starb, übernahm Erwin früh die Verantwortung und machte ein bis heute blühendes mittelständisches Unternehmen daraus. Nur der Onkel, der war Metzger und entfachte bei ihm eine heimliche Leidenschaft, die ich nur allzu gut verstehen kann.

Obwohl ihn sein Betrieb also all die Jahre über bis zur Hutkrempe mit Arbeit zudeckte, hat er sich in knapp zwei Jahrzehnten seine Hirschzucht in Blumern bei Haibach aufgebaut. Dort, wo sich der Bayerische Wald mit engumschlungenen, dicht bewaldeten Hügeln so verwunschen präsentiert, als würde auf der nächsten Lichtung ein Hobbitdorf warten. Mehrere hundert Tiere, die meisten davon Hirsche, umfasst seine frei laufende Rotwildherde inzwischen. Und weil auch noch stattliche Herden seltener Steinböcke und Widder dazukamen, gilt Erwin Mauerer heute als der größte private Wildbestandsbesitzer Bayerns. Alles nebenbei. Zur Entspannung. Hut ab!

Die Hirschzucht betreibt Erwin mit stoischem Ernst und überragendem Erfolg. Der Urvater stammte aus dem königlichen Gatter von Prinz Frederik von Dänemark und hat großartige Spuren hinterlassen. Mittlerweile gehören Mauerers Hirsche aus seinen dänischen und schwedischen Blutlinien zu den besten und trophäenreichsten Europas. Aber der Ruhm ist nicht alles. Wer seinen Tieren einmal näherkommen durfte, um zu erleben, wie imposant, schön und elegant diese Geschöpfe sind, der wird Erwins gesamte Motivation verstehen.

Noch dazu ist das Gruppenverhalten geradezu anrührend, denn Rotwild ist sehr gesellig und rottet sich je nach Altersgruppe und Geschlecht zusammen. Erst im Alter wird der Hirsch zum Einzelgänger, allerdings nicht im Herbst, denn dann ist Brunftzeit. Der Hirsch röhrt laut, fordert die Konkurrenten zum Duell heraus und die Aufmerksamkeit der Weibchen ein. Bei den Hirschkühen hat der Sieger die besten Chancen, ein Vorgang, auf den ein preisgekrönter Züchter wie Erwin Mauerer natürlich ein behutsames Augenmerk wirft. Nach rund 240 Tagen gebärt die Hirschkuh ein Kalb, in seltenen Fällen auch zwei, und säugt es neun Monate.

Erwins Hirschzucht war nie auf die Produktion von Wildfleisch ausgelegt. Dass es heute als gesuchte Rarität zu bekommen ist, ist Tragik und Glück zugleich. Selbst die größten Ländereien werden irgendwann zu klein, wenn die Hirsche erfolgreich die Weibchen bezaubern und die Herde immer weiter wächst. Erst recht, wenn, wie in den letzten Jahren öfter der Fall, lang anhaltende Trockenzeiten die Menge des natürlichen Futters reduzieren. Der Züchter stellt zwar ständig frisches Wasser bereit und als Zufütterung auch Gras, im Winter als Heu. Ansonsten bedient sich das Wild selbstständig im Wald, sucht Kräuter, Eicheln, Bucheckern und Baumtriebe, und knabbert dort für wichtige Verdauungsnährstoffe auch die Baumrinden ab.

Die natürliche Fütterung der Tiere schenkt ihnen nicht nur eine sichtbar robuste Gesundheit, sie hinterlässt auch ihre kulinarischen Spuren und macht das Wildfleisch vom Hirsch zu einem richtigen Schmankerl: fettarm, eiweißreich und besonders delikat, ohne zu starken Wildcharakter. Die Frische ist hier das Geheimnis. Denn als es darum ging, in Zukunft den Überbestand seiner Herde zu reduzieren, wählte Erwin Mauerer wieder einmal die beste und überraschendste statt der bequemsten Lösung. Er kaufte einem Ortsmetzger im nahen Umkreis dessen gesamte Metzgereiausstattung ab und verfrachtete sie in eines der sanierten Bauernhäuser in seinem Bayerwaldparadies. Ein Areal, auf dem seine Frau Angelika übrigens einen exzellenten Bienenhonig produziert und er sich auch noch eine kleine Fischzucht angelegt hat, aus der mir mitten im Winter einer der schönsten Saiblinge in die Hände gesprungen ist, die ich je gesehen habe.

In seiner privaten Wildmetzgerei werden die Hirsche und Rehe verarbeitet, die nach einem möglichst naturnahen Leben per Kopfschuss schnell und schmerzlos getötet und sofort ausgeblutet und gekühlt werden. Kein Jagdstress, keine Angst, kein langer Transport. Das Ganze dauert nur wenige Minuten. Besseres und frischeres Wildfleisch gibt es nicht. Erwin macht daraus neben den gängigen Wildspezialitäten auch eine Hirschsalami wie ein Gedicht und sensationelle Hirschwiener. Profan? Keineswegs! Man merkt diesen zarten Würsten nicht an, dass sie vom Wild stammen. Sie sind so fein und haben doch einen herzhaften, knackigen Biss, sie haben mehr Substanz, mehr Kraft, irgendwie ein stolzes Geheimnis. Es ist wirklich schade, dass er davon so wenige produziert, dass ich sie Ihnen nicht auf der Wiesn präsentieren kann. Aber Sie verstehen bestimmt: Mag der Stammvater seines Zuchterfolges auch ein Prinz aus Dänemark sein, für mich ist Erwin Mauerer auf seine bescheidene und bodenständige Art und seine angenehm überwältigende Weise der Wildkönig des Bayerischen Waldes.

◆

Andreas Schinharl

Schmecken muss es!

Über Anrichten und gemeinsames Genießen

Jedes Mal, wenn ich für meine Freunde koche, beginne ich schon am Morgen oder am Abend zuvor damit – in meinem Kopf. Wie im Film setze ich Szene um Szene zusammen. Ich frage mich dann nicht, was ich kochen möchte, sondern welchen Abend ich haben will, welche Stimmung und wo wir uns aufhalten werden. Ist ein einfacher Gartengrill das Beste, soll es eine lange Tafel werden, möchte ich viel Zeit in der Küche verbringen (weil mir das tatsächlich Freude macht) oder eher wenig?

Und irgendwann überschneidet sich dieser Film mit der Realität, dann, wenn die ersten Freunde eintreffen. Mein Tipp: Beginnen Sie schon um 17 Uhr oder noch früher. Ich halte viel von Sharing, und zwar bereits bei der Zubereitung. Als Küchenchef arbeite ich immer so, es ginge gar nicht anders. Privat macht es mir so am meisten Spaß. Sie meinen, das dauert den Gästen zu lang? Dann fangen Sie im Stehen mit einer Brotzeit an.

Ich stamme selbst noch aus einer Zeit und einer Gegend, in der man sich pünktlich um 12 Uhr auf Mutters Sonntagsbraten freuen durfte. Alles war vorbereitet – und hoffentlich die Hände gewaschen. Heute sehe ich das viel lockerer. Das mag auch an meiner kulinarischen Vielseitigkeit liegen: Ich kann ein kleines Familienfest genauso bekochen wie ein Restaurant oder ein großes Bierzelt, Sterneküche genauso wie eine Kantine oder einen Imbiss.

Habe ich also keine Handschrift? Durchaus: Eine Balance in den Gerichten und eine Balance in der Präsentation. Ich verrate Ihnen auch gern, was ich nicht mag: Komplizierte Teller lehne ich ab. Eine Verunsicherung des Gastes lehne ich ab. Ich versuche so anzurichten, dass man automatisch richtig kombiniert und die wesentlichen Zutaten auf der Gabel oder dem Löffel hat, damit der Geschmack harmoniert und das Geschmackserlebnis funktioniert. Denn darum geht es doch: Schmecken muss es! Also, wie viele Zutaten passen auf eine Gabel oder einen Löffel? Was ist wesentlich, was macht Freude, was kann weg? Alle meine Rezepte sind mit diesem Gedanken geschrieben. Wenn ich bei einem Teller überlegen muss, in welcher Reihenfolge ich esse, dann hat das nichts mehr mit bayerischer Küche zu tun. Bayerische Küche ist kein Proseminar, sondern Lebensfreude, die man schmecken kann. Dazu kommt: Meine Gäste und Freunde interessieren sich für meine Zutaten und Produkte, weil sie sie erkennen. So bleiben wir immer im Gespräch.

Mein Bruder Michael, Gastro-Profi wie ich, kann auch ganz gut kochen, wie eigentlich jeder in unserer Familie. Vor allem aber kann er aus jeder Tafel ein kleines Ereignis machen. Er ist ein Entertainer des Genusses. Mir ist das oft eine Schippe zu viel. Ich mag Blumen auf dem Tisch, das ist meine Form von »das Auge isst mit«, ich schätze gute Gläser und gutes Geschirr. Und ein klein wenig Dekoration, die zum Erzählen, Erinnern und Schwelgen verleitet.

Eine überbordende Tafel brauche ich nicht. Das Gesamtkunstwerk ist für mich immer der Abend. Vom ersten Gedanken bis zum letzten Schließen der Tür.

Biomilchprodukte von Markus Berl

Eine Umarmung der Natur

»Ein Biobauer mit einem Lamborghini im Stadel? Na gut, seit Britanniens Vollgas-Guru Jeremy Clarkson sich für seine TV-Serie einen nagelneuen Lamborghini-Traktor auf die Farm stellte, um damit urkomisch auf seinen Feldern zu dilettieren, erinnert man sich ja wieder, dass Lamborghini ursprünglich ein reiner Traktorenhersteller war. Markus Berl ist kein Vollgas-Guru, er ist ein Vollblut-Bauer und ein Schrauber, ein Tüftler, der seinen Lambo-Klassiker fast so sehr liebt wie seine Tiere und sich auch mal mit Wonne die Hände dreckig macht, um dann im nächsten Moment – blitzeblank bis hinter die Ohren – in der Wanne den nächsten Rahm anzurühren.«

Ort: Biomilchhof Berl, Ascha bei Straubing

Die Geschichte von Markus und Sonja Berl ist für mich ein schönes Beispiel, wie weit Mut, Zupacken, Zuversicht und die Liebe zur Natur einen tragen können. Milchkühe, die auf Stroh liegen, auf der Weide Auslauf bekommen und Kräuter und frisches Gras fressen, die kann sich bei den Milchpreisen der letzten Jahre eh kein Milchbauer mehr leisten, hört man überall. Dass die Heumilch besser schmeckt, gesünder ist, mag ja sein, aber ... was tun?

Wer wie Sonja und Markus Berl Milch von der Quelle her denkt, also von der Kuh und deren Futter, dem bleibt nur der wagemutige Schritt in die Selbstvermarktung. 2018 veredelten sie ihren Biomilchhof mit einer eigenen Molkerei. Der Bauer ist jetzt auch Käser, macht zudem Heumilch-Joghurt und -Butter. Der Hof der Berls in der Nähe von Straubing steht exemplarisch für eine junge Generation

in der bäuerlichen Landwirtschaft, für die ein traditionelles »Weiter so« nicht infrage kommt, weil es keine Zukunft hat. Die sich auf Wurzeln besinnt und keine Scheu vor noch mehr eigenem Können hat. Dass Tierwohl zu mehr Qualität führt, schmeckt man bei den Berls unmittelbar. Ihre Produkte nimmt man weit über die Region hinaus wahr.

Für Markus war schon von klein auf klar, dass er mal die elterliche Landwirtschaft übernimmt. An die Wurzeln erinnern heute noch die glücklichen Ziegen und Schweine auf dem Hof, den er vor mehr als zehn Jahren komplett auf ökologischen Betrieb umstellte. Das lief sich gut an, nur mit den Milchpreisen ging es sich nicht aus. Die Konsequenz war die Umstellung auf Selbstvermarktung, die schicksalhafte Idee, das Engagement eines Lohnkäsers mit seiner mobilen Käserei. Der verarbeitete die Berl-Biomilch in Kesseln

in seinem Anhänger und nahm den Käse dann mit in seinen Reifekeller nach Österreich. Weil schon dieser erste Schritt die Berls und ihre Kunden begeisterte, fiel es dem Käser leicht, sie davon zu überzeugen, das Tierfutter auf frisches Gras und Heu statt Silage umzustellen. Man würde es schmecken, und es stimmte. Aber der kleine Käse-Grenzverkehr war keine Dauerlösung, erst recht nicht, als der Käser in Rente gehen wollte.

Viele Monate liefen Markus und Sonja Berl mit immer neuen Skizzen über den Hof, suchten den richtigen Standort, schauten sich andere Betriebe an und steckten grübelnd die Köpfe zusammen über die Vorgaben des Veterinär- und des Landwirtschaftsamtes. Bis sie damit so viel Zeit verbracht hatten, dass sie keinen Rückzieher mehr machen konnten und wollten. Also packten sie an und legten 2015 den Grundstein. Rund drei Jahre später war die Berlsche Biomolkerei endlich fertig.

Die Qualität und das Aroma ihres Grundprodukts, der Bioheumilch, hängt dabei ganz wesentlich von der Artenvielfalt der frischen Gräser und Kräuter ab, die im Sommer an die rund 50 Milchkühe verfüttert werden. Im Winter bekommen sie ihre Leibspeise als sonnengetrocknetes Heu. Dass die Berls ihren Milchkühen so unterschiedliche Gräser wie Löwenzahn, Weißklee, Rotklee, Luzerne, Straußgras, Knäuelgräser, Wiesenschafgarbe, Wiesenfuchsschwanz, Weidelgras, Rispengras, Hornkraut und viele Kräuter anbieten können, liegt daran, dass sie neben Ackergräsern und herkömmlichem Wiesengras auch Naturschutzwiesen bewirtschaften. Beim Mähen lassen sie immer einen Blühstreifen übrig. Alle Wiesen werden nur mit hofeigenem Dünger unterstützt. Diese Umarmung der Natur schmeckt nicht nur den Kühen, sondern auch Bienen, Insekten und Schmetterlingen – und vor allem den Kunden im eigenen Hofladen und in der ganzen Region.

Um seinen Molkereierzeugnissen einen ureigenen Charakter zu verleihen, hat Markus Berl sich geradezu zum »Wiesenwinzer« entwickelt. Je nach gewünschtem Endprodukt justiert er die Gras-Kräuter-Mischung so, dass er die Grundlage für den optimalen Geschmack bekommt. Man schmeckt nun mal genau, was die Tiere vorher fressen. Dabei geht er so weit, dass er sogar auf den Fettanteil der Milch verschiedener Milchkuhrassen achtet. Diese in Nuancen voneinander abweichenden Rohmilchmengen verschneidet er dann miteinander, bis er für jede Butter, jeden Joghurt oder Käse die ideale Milch-Cuvée zur Verfügung hat. Echt beeindruckend, und das gilt nicht nur dafür, wie er seine Tiere füttert, sondern auch, wie er mit ihnen umgeht. Schon vor Jahren haben sich die Berls für die mutter- und ammengebundene Kälberhaltung entschieden, die Kuh und ihr Kalb bleiben dabei so lange wie möglich zusammen. Die Kuh wird nur gemolken, wenn das Kalb die Muttermilch nicht selbst wegtrinkt. Und sollte es von der Mutterkuh nicht akzeptiert werden, wird es an eine Ammenkuh herangeführt und das Kalb wächst trotzdem möglichst natürlich auf.

Selten habe ich Kälber und Kühe gesehen, die so glücklich und zutraulich waren. Und man schmeckt die ganze Mühe im Stall, auf der Weide und in der Molkerei. Markus Berls Heumilch ist viel vollmundiger und hat viel mehr aromatische Tiefe als übliche Trinkmilch, und als seltene Urmilch ist sie auch noch viel bekömmlicher. Für viele Allergiker ist das eine besonders gute Nachricht. Ihren überregionalen Bekanntheitsgrad hat diese A2-Milch sich redlich verdient und ich habe Ihnen dazu ein Urmilch-Eis-

rezept aufgeschrieben. Markus Berls Heumilchbutter
ist die Essenz seiner Milch, sie wechselt die Farbe je
nach Jahreszeit: Im Winter ist sie eher hell, während
sie im Sommer vom frischen Grünfutter kräftig gelb-
lich gefärbt ist und besonders viele Omega-3-Fettsäu-
ren enthält. Ein gesunder Genuss, der sich auch noch
unnachahmlich rahmig-zart aufstreichen lässt. Wenn
Sie sie einmal probieren, werden Sie schnell verstehen, warum ich mir davon tausende kleine Portionen
für die Wiesn bestellt habe. Die weitesten Wege würde ich allerdings privat für seinen Stilton gehen, ein
Blauschimmeltraum in bester englischer Tradition,
dort auch als König der Käse bekannt. In diesen delikaten kleinen Meisterwerken kommt alles zusammen:
Markus Erfahrung als Bauer, sein Händchen für seine
Tiere und ihr optimales Futter, und sein aufmerksam
gewachsenes Können als Käser. Ein Teufelskerl, der
Markus Berl!

Süßes
& Nachspeisen

Urmilch-Kastanieneis mit Woidhoabern

Zutaten für 10 Personen

Für das Eis

600 g Kastanien, vorgekocht
950 g Urmilch
1 EL Honig
Salz
240 g Zucker
160 g Eigelb
350 g Sahne

Für die Woidhoabern

600 g Wildheidelbeeren
60 g Zucker
20 g Speisestärke (nach Belieben)
Saft und abgeriebene Schale
  von 1 Bio-Zitrone

Die vorgekochten Maronen klein schneiden. In einem Topf mit 300 ml Milch, Honig und einer Prise Salz zum Kochen bringen. Hitze reduzieren und auf kleiner Flamme köcheln lassen, bis die Maronen weich sind. Die Masse anschließend durch eine Kartoffelpresse drücken.

Das Maronenpüree mit der restlichen Milch vermischen und unter Rühren langsam zum Kochen bringen. In der Zwischenzeit Zucker und Eigelbe schaumig schlagen. Nach und nach die heiße Milch-Maronen-Mischung einrühren, dabei darauf achten, dass das Eigelb nicht gerinnt. Die Mischung über einem Wasserbad erhitzen, bis sie bei etwa 80 °C zu binden beginnt (zur Rose abziehen). In eine große Schüssel mit Eiswasser setzen und weiterrühren, bis die Mischung abgekühlt ist.

Mit der Sahne aufgießen und aufmixen.
In der Eismaschine oder im Paco Jet gefrieren.

Für das Kompott die Heidelbeeren mit dem Zucker zum Kochen bringen. Nach Wunsch die Speisestärke einrühren und das Kompott kurz aufkochen lassen. Zitronensaft und -abrieb zugeben.

Mein Tipp

Sie können das Rezept auch mit fertigem Kastanienpüree zubereiten, dann entfällt der erste Zubereitungsschritt und Sie benötigen nur 650 g Urmilch.

Topfenknödel mit Butterbrösel und Mohn

Für die Topfenknödel

660 g Quark

90 g weiche Butter

90 g Zucker

3 mittelgroße Bio-Eier

180 g Semmelbrösel

Zitronenabrieb von
 ½ Bio-Zitrone

Salz

Für die Butterbrösel

200 g Semmelbrösel

50 g Zucker

50 g Butter

20 g gemahlener Mohn

Puderzucker zum
 Bestäuben

Für die Topfenknödel den Quark in einem sauberen Geschirrtuch leicht ausdrücken. Butter und Zucker schaumig schlagen. Quark zugeben und mit einem Kochlöffel verrühren.

Dann einzeln die Eier zugeben und die Semmelbrösel, Zitronenabrieb und eine Prise Salz einrühren. Den Teig 20 Minuten ruhen lassen. Anschließend aus der Masse Knödel formen und in leicht siedendem Wasser garen, bis sie nach oben kommen.

Alle Zutaten für die Butterbrösel in einer Pfanne rösten. Die Knödel in den Bröseln wälzen und mit Puderzucker bestäuben.

Mein Tipp

Nach Belieben können die Knödel mit Nougat, Zwetschgen, Marillen usw. gefüllt werden.

Gerissene Buchteln mit Marillenröster und Vanillesoße

Für den Teig

500 g Mehl Type 550 plus etwas mehr
  zum Bestäuben
½ Würfel Hefe
200 ml lauwarme Milch
70 g weiche Butter plus etwas mehr
  zum Bestreichen
70 g Zucker plus etwas mehr
zum Bestreuen
½ TL Salz
2 Bio-Eier
abgeriebene Schale von ½ Bio-Zitrone
Mark von ½ Vanilleschote
Butter und Zucker für die Form
  und zum Bestreuen

Für den Marillenröster

1 kg Aprikosen
150 g Zucker
Saft von 1 Zitrone
1 Zimtstange
½ Vanilleschote, längs aufgeschnitten

Für die Vanillesoße

1 l Milch plus etwas mehr zum Anrühren
1 Vanilleschote
150 g Zucker
40 g Vanille-Puddingpulver
120 g Eigelb
500 g Sahne

Für den Teig alle Zutaten in einer Küchenmaschine zu einem glatten Teig verkneten. An einem warmen Ort etwa 2 Stunden gehen lassen.

Den aufgegangenen Teig auf einer mit Mehl bestäubten Arbeitsfläche etwa 2 cm dick ausrollen und anschließend in etwa 3 cm dicke Würfel schneiden.

Den Backofen auf 165 °C vorheizen. Eine große Auflaufform dick mit Butter einstreichen und mit Zucker einstreuen. Die Teigwürfel nebeneinander in die Form geben. Etwa 20 Minuten im Ofen backen.

Nach dem Backen mit flüssiger Butter bestreichen und mit Zucker bestreuen.

Für den Marillenröster die Aprikosen waschen, halbieren, entsteinen und die Hälften nochmals halbieren. Die Aprikosenviertel mit Zucker, Zitronensaft, Zimt und Vanilleschote mischen, auf einem Backblech verteilen und zugedeckt etwa 30 Minuten ziehen lassen.

Den Backofen auf 180 °C vorheizen. Die Aprikosen im Ofen auf der mittleren Schiene 12–15 Minuten weich garen, dabei öfter durchrühren. Den Marillenröster aus dem Ofen nehmen und etwas abkühlen lassen. Zimt und Vanilleschote entfernen.

Für die Vanillesoße Milch, ausgekratzte Vanilleschote und das Mark in einem weiten Topf aufkochen lassen, dann den Zucker in die heiße Milch rühren.

Das Puddingpulver mit etwas kalter Milch anrühren und die Eigelbe zugeben. Die Masse in einem Schwung in die kochende Milch geben und unter Rühren gut durchkochen. Vom Herd nehmen und zum Schluss die kalte Sahne zugießen. Die fertige Soße durch ein Spitzsieb passieren und mit einem Stabmixer durchmixen.

Serviettenknödel vom Kaiserschmarrn mit Zwetschgensoße

Für die Serviettenknödel

250 g Mehl

400 ml lauwarme Milch

8 Bio-Eier, getrennt

Mark von ½ Vanilleschote

abgeriebene Schale von
  ½ Bio-Orange

Salz

125 g Zucker plus etwas mehr
  zum Bestreuen

Butter für die Pfanne

Rumrosinen nach Belieben

Für die Zwetschgensoße

250 g Zucker

Saft von 1 Zitrone

1 Zimtstange

2 Gewürznelken

125 ml Rotwein

1 kg Zwetschgen

Für die Serviettenknödel Mehl, Milch, Eigelbe, Vanille und Orangenabrieb zu einem glatten Teig verarbeiten. Die Eiweiße mit 1 Prise Salz und dem Zucker zu Eischnee schlagen und unter den Teig heben.

Die Hälfte des Teigs in einer beschichteten Pfanne in etwas Butter und bei geringer Hitze von beiden Seiten mit Deckel backen, bis der Teig schön aufgeht.

Die Pfanne vom Herd nehmen und den Teig in etwa 3 cm dicke Würfel schneiden. Die Würfel und die Rumrosinen (nach Wunsch) unter den restlichen Teig heben und alles gut vermengen.

Für die Serviettenknödel einen etwa 50 cm langen Streifen aus Alufolie und Frischhaltefolie herstellen, den Teig daraufgeben und zu einer Rolle formen. Darauf achten, dass keine Luft eingeschlagen wird und alles schön eng gerollt und gut verschlossen ist. Die Rolle in einen weiten Topf mit kochendem Wasser geben und 20 Minuten köcheln lassen.

Die fertige Knödelrolle herausnehmen und abkühlen lassen. Danach vorsichtig auswickeln und in Scheiben schneiden. Die Scheiben in einer beschichteten Pfanne mit Butter und etwas Zucker braten und karamellisieren.

Für die Zwetschgensoße den Zucker mit Zitronensaft, Zimt und Gewürznelken im Rotwein aufkochen.

In der Zwischenzeit die Zwetschgen waschen, entkernen und halbieren. Die Zwetschgenhälften in den kochenden Gewürzwein geben und zugedeckt weich dünsten. Die Gewürze entfernen und das Kompott auskühlen lassen. Mit einem Stabmixer zu einer Soße pürieren.

Eingelegter Gugelhupf mit Beerenkompott und Schlagsahne

Für den Gugelhupf

50 g Hefe

125 ml lauwarme Milch

120 g Zucker

500 g Mehl

6 Eigelb

6 Bio-Eier

160 g weiche Butter plus etwas
  mehr zum Fetten

Salz

Für die Tränke

500 ml Wasser

250 g Kristallzucker

50 ml Orangensaft

10 ml Zitronensaft

90 ml Rum (80 Vol.-%)

Für das Beerenkompott

250 g Erdbeeren

125 g Himbeeren

125 g Heidelbeeren

125 g Brombeeren

50 g Puderzucker

abgeriebene Schale von
  1 Bio-Orange

500 g Sahne, geschlagen

Für den Gugelhupf alle Zutaten in eine Schüssel geben und mit der Küchenmaschine zu einem glatten Teig verarbeiten. Den Teig in eine gefettete Gugelhupfform geben und an einen warmen Ort 60 Minuten gehen lassen. Den Backofen auf 165 °C vorheizen. Den Gugelhupf etwa 60 Minuten im vorgeheizten Ofen backen.

Für die Tränke alle Zutaten in einem Topf erhitzen. Den noch warmen Gugelhupf eintauchen und vollsaugen lassen.

Für das Beerenkompott die Erdbeeren vierteln und mit den restlichen Beeren, Puderzucker und Orangenabrieb vermischen. 10 Minuten marinieren.

Den getränkten Gugelhupf mit dem Beerenkompott und der frisch geschlagenen Sahne servieren.

Voglkiachl mit Rhabarberkompott und Bayerischer Creme

Für die Voglkiachl

2 Bio-Eier
100 g Zucker
Salz
1 Bio-Zitrone
250 g Quark
250 g Mehl Type 550
1 TL Backpulver
100 g in Rum eingelegte Rosinen
750 g Butterschmalz zum Ausbacken
100 g Zimt-Zucker

Für das Rhabarberkompott

500 g Zucker
500 ml Wasser
abgeriebene Schale von 1 Bio-Zitrone
1 Vanilleschote, längs aufgeschnitten
250 g TK-Himbeeren
1 kg frischer Rhabarber
20 g Speisestärke (nach Belieben)

Für die Bayerische Creme

5 Blatt Gelatine
8 Eigelb
100 g Zucker
250 ml Milch
1 Vanilleschote
500 g Sahne
Minzeblättchen und frische Beeren
  zum Dekorieren

Für die Voglkiachl Eier, Zucker und 1 große Prise Salz etwa 5 Minuten in der Küchenmaschine dick schaumig aufschlagen. Die Zitrone heiß abspülen, trocken tupfen und die Schale fein abreiben. Zitronenschale und Quark unter die Eimischung rühren. Mehl und Backpulver hineinsieben und mit den Rosinen kurz unterrühren.

Das Butterschmalz in einem Topf auf etwa 170 °C erhitzen. Die Temperatur ist richtig, wenn von einem auf den Topfboden getauchten Holzlöffelstiel kleine Bläschen aufsteigen.

Aus dem Teig mit 2 Esslöffeln kleine Kugeln abstechen und im heißen Fett portionsweise in 2–3 Minuten goldbraun ausbacken, dabei zwischendurch mehrmals wenden. Die Krapfen mit einer Schaumkelle aus dem Fett heben und auf Küchenpapier kurz abtropfen lassen. Die Krapfen noch heiß in Zimt-Zucker wälzen.

Für das Rhabarberkompott Zucker, Wasser, Zitronenabrieb und Vanilleschote mit den Himbeeren aufkochen lassen und zur Seite stellen. Den Rhabarber waschen und die groben Fäden abziehen. Anschließend in etwa 2 cm lange Stücke schneiden und flach in eine Auflaufform legen. Den Backofen auf 120 °C vorheizen.

Den Himbeersirup durch ein Sieb auf den Rhabarber passieren. Das Kompott 12–15 Minuten langsam im Ofen garen, bis der Rhabarber gar ist. Nach Belieben den Sud etwas eindicken. Dafür den Rhabarber abgießen und den Sud mit 20 g Speisestärke verrühren, kurz aufkochen und über den Rhabarber geben. Am besten schmeckt das Kompott, wenn es über Nacht durchziehen kann.

Für die Bayerische Creme die Gelatine in kaltem Wasser einweichen. Eigelbe und Zucker in der Küchenmaschine schaumig schlagen. Die Milch mit der Vanilleschote zum Kochen bringen. Die eingeweichte Gelatine ausdrücken, in die Milch geben und unter Rühren

auflösen. Die heiße Milch langsam zum schaumig geschlagenen Eigelb gießen. Die Eigelb-Milch-Masse so
lange in der Küchenmaschine rühren, bis sie abgekühlt
ist. Dann die Sahne steif schlagen und unterheben.

Die Voglkiachl mit dem Kompott und der Bayerischen
Creme auf Tellern anrichten. Mit Minzeblättern und
gemischten Beeren dekorieren.

Andreas Schinharl

»Wie es mir gefällt!«

Zeitgemäße bayerische Wirtshauskultur

Ich sag es Ihnen mal ganz ehrlich: Mit modernen Designer-Wirtshäusern, wie sie zuerst Großbrauereien mit internationalem Hintergrund in die Landschaft gezaubert haben, kann ich nur wenig anfangen. Eigentlich überhaupt nix. In Münchens Innenstadt gibt es gleich ein ganzes Rudel davon. Und auch außerhalb breiten sie sich aus, hinein in unsere wunderschönen Landschaften. Aufpoliertes Kupfer und Messing überall. Der bayerische Brauerei-Adel mag sich eben auch nicht lumpen lassen. Für mich ist das falsch verstandene Gockelei. Das mag ein bisserl scheinheilig wirken für einen, der auf der größten Biershow der Welt mitten im Scheinwerferlicht das Küchenzepter schwingt. Aber ein Wirtshaus ist für mich ein Erholungsraum. Also erlauben Sie mir die Frage: Was macht einen bajuwarisch-kulinarischen Erholungsraum aus?

Ich finde, es sind die gleichen Zutaten, die ich auch an der bayerischen Küche schätze: Zeit, Menschen und Hingabe. Ein Wirtshausbesuch beginnt für mich damit, mir genügend Zeit zu nehmen. Und dann achte ich darauf, ob sich auch der Wirt genügend Zeit nimmt. Andreas Döllerer, der österreichische Spitzenkoch mit der ganz großen Flügelspannweite, hat ja jüngst davon gesprochen, dass in einem Gasthaus der Wunsch des Gastes im Mittelpunkt stehe, in einem Wirtshaus jedoch der Wille des Wirts. Ein Schmunzler, aber mit einem sehr wahren Kern.

Ein gutes bayerisches Wirtshaus, wie ich es mag, und verzeihen Sie mir die Allerwelts-Plattitüde, zeigt die Handschrift des Wirts. Die Speisekarte ist überschau-

bar, und doch wird jeder nach seiner Façon glücklich. Die wichtigsten Zutaten sind meist näher beschrieben, oft ist ihre Herkunft erkennbar. Wenn Sie nachfragen, werden Ihnen spätestens der Koch, der oft auch der Wirt ist, oder der Wirt, der früher selbst Koch war, mehr darüber erzählen können – und das auch wollen.

Entdecke ich mit Freunden ein neues Wirtshaus, halten wir es einfach: Ein Schweinebraten und eine Suppe mit Einlage, am besten eine Rindssuppe mit Leberspätzle, erzählen meist schon die ganze Geschichte. Hat das Kraft, hat das Substanz, ist das richtig angesetzt? Und: Traut sich der Wirt, das richtige Geld dafür zu verlangen, kauft er anständige Zutaten ein? Früher hätte ich Ihnen gesagt: Fassen Sie keinen Schweinebraten unter 10 Euro an. Heute sage ich Ihnen: Ein guter Schweinebraten mit guten Beilagen, also einem echten Krautsalat und gschmackigen Knödeln kostet mindestens 15 Euro. In München sowieso, aber auch auf dem Land. Macht der Wirt sich die Mühe und hat er den Mumm? Das sehen Sie auf den ersten Blick!

Kurzgebratenes spielt in einem richtig guten Wirtshaus nicht die Hauptrolle. Ich würde Ihnen immer zum Braten raten. Für einen Braten hat der Wirt weniger Personalaufwand pro Portion als bei anderen Gerichten und kann deshalb mehr in den Geschmack investieren. Den Braten setzt er an, und danach kocht nicht der Koch, sondern die Zeit für ihn. Wenn Kurzgebratenes, dann auf eine möglichst authentische Weise: Das Wiener Schnitzel ist dann selbstverständlich vom Kalb, auch wenn das die kostspieligste

Variante ist, aber auch die feinste. Der bewährte Genuss ist für mich der springende Punkt, Authentizität ist für mich kein Dogma. Das wäre auch reichlich vermessen für einen, der ihnen Spargeltempura in einem bayerischen Kochbuch präsentiert. Aber wir sollten nicht vergessen, dass so manch selbstverständlicher heimischer Genuss keine besonders lange Tradition hat: So war der Saibling bis zur Mitte des 19. Jahrhunderts nur in Nordeuropa, im nordischen Eismeer und in Nordamerika zu Hause. Die bayerische Küche ist eine Küche in Bewegung. Verlassen kann man sich deshalb nur auf die Hingabe des Wirts.

Authentizität ist dabei ebenso wenig erreichbar wie echter Purismus. Welche Panade bekommt das Kalbsschnitzel, welches Öl, welche Pfanne und wie dick wird es geklopft? Gibt es dafür eine traditionelle Überlieferung oder entscheidet der Geschmack? Ich plädiere für Letzteres, denn alles entwickelt sich weiter. Sogar bei meinem geliebten Schwarzgeräucherten gibt es unzählige Möglichkeiten: Ist das Fleisch von einem Schwein aus Florian Reiters Zucht oder von einer gängigeren Rasse? Welche Gewürzmischung, welcher Rauch, welche Reifezeit? Aber meine Gäste erleben es als pur.

Ein gutes bayerisches Wirtshaus ist deshalb immer nur eine respektvolle Annäherung. Meine bayerische Küche ist eine respektvolle Annäherung. Und wie ich auf der Wiesn arbeite, natürlich auch – obwohl in einer Aura, in der die Luft vor lauter Vergnügungsstarkstrom nur so vibriert, ein achtsamer Zugang zum Essen kaum möglich erscheint. Wie Sie nun wissen, beginne ich immer mit einer Brezn, der vielleicht besten überhaupt. Dann folgt meist eine Brotzeit, die

einen kurzen, vergänglichen Augenblick lang innehalten lässt. Aus der Freude am Moment wird dann ein Mei-geht's-uns-gut-Gefühl. Daraus ziehe ich den Schwung für meine Küchenphilosophie. Mein Ansatz ist kein theoretischer: Ich beobachte meine Gäste beim Genuss und ziehe meine praktischen Schlüsse daraus. Bisher sind sie mir auf jedem neuen Weg gefolgt.

Das Straubinger Gäubodenvolksfest, mein zweites Herzensfest (oder eigentlich mein erstes) nennt sich heute mit dem sentimentalen Wumms, den ich an meiner Heimat so mag »Ein Trumm vom Paradies«. Aber eigentlich gilt das ja für ganz Bayern. Und jeder kann sich sein Paradies ein Stück weit selbst erschaffen. Grad da, wo man ist, denn es ist schon alles da, wenn man genau hinschaut. Das verspreche ich Ihnen! Wenn wir also die richtigen Wirte unterstützen und die richtigen Bäcker und Metzger, die richtigen Züchter, Milchbauern und Gemüsebauern, wenn wir aufeinander achtgeben und auch auf den eigenen Geldbeutel, wenn wir deshalb ein bisserl vorausplanen und weniger wegschmeißen müssen, wenn wir uns also bessere Lebensmittel von besseren Produzenten leisten können und es sich damit am Ende für alle gut ausgeht, dann, ja dann können wir gemeinsam unser Bayern tatsächlich noch ein bisserl schöner machen. Nennen Sie mich einen Romantiker, aber ich bin überzeugt: Gemeinsam wäre das zu schaffen! Mei, geht's uns gut!

Bierspezialitäten von Frank Müller

Der Herr der Hefen

»Bier hatte in Bayern lange die gleichförmige Beständigkeit gelungener Kartoffelknödel: Eine neue Kartoffelsorte wäre da schon eine Geschmacksrevolution. Bei Riegele in Augsburg war man schon sehr früh wissbegieriger und weltoffener als andernorts. Inhaber Sebastian Priller-Riegele wurde bereits 2011 einer der ersten Weltmeister der Biersommeliers, ihm sind neben den bayerischen auch alle internationalen Bierstile geläufig. Und Frank Müller gilt als einer der besten Braumeister Bayerns, vielleicht sogar als der beste. Auf alle Fälle aber als Herr der Hefen.«

Ort: Brauerei Riegele, Augsburg

Als wir die Rezeptfotos für dieses Buch gemacht haben, war das Bier nicht nur eine Zierde, sondern ein großes Vergnügen! In Bayern gibt es ja eine sehr lange Brautradition, auf die man zu Recht sehr stolz ist, aber eben auch eine gewisse Behäbigkeit. Doch einige Brauereien stechen mit ihrer Kreativität und Vitalität heraus wie eine überschäumende Maß: Neben Riegele in Augsburg fallen mir da Faust in Miltenberg oder Schönramer im Rupertiwinkl ein, und natürlich die Weißbierpioniere von Schneider in Kelheim. Die Liste ließe sich noch eine Zeit lang fortsetzen.

Da ist langsam wirklich Bewegung drin, in München spürt man das besonders. Im Großen – bei der Quereinsteiger-Erfolgsstory von Steffen Marx und seiner Giesinger Brauerei bleibt einem die Spucke weg – ebenso wie im Kleinen: Kuckucksbrauer Tilman

Ludwig hat sich früher als alle anderen an das Allerheiligste gewagt und das bayerische Helle modernisiert. Er hat seinem sehr gut gebrauten Hellen noch eine Kaltstopfung zukommen lassen. Dafür lässt er eine größere Menge Aromahopfen im kühleren Biersud eine gewisse Zeit mitziehen, wie einen kaltgebrühten Tee. In der abgekühlten Umgebung gibt der Hopfen vor allem seine Aromaöle ab, während er beim üblichen Mitkochen im Biersud vor allem für die Bittere sorgt. So entsteht ein dunkelgoldenes Helles mit einer fruchtig-herben Note, das mit seinem Dunklen auch noch einen brombeerigen Bruder hat.

Wenn es allerdings um das Nonplusultra in Sachen Biervielfalt, die Hand in Hand mit einer überragenden Brauqualität geht, dann lasse ich München tatsächlich hinter mir und lande schnell bei Riegele in

Augsburg, denn dort warten 20 Malzsorten, mehr als 25 Hopfensorten und 180 Hefestämme auf mich. Das ist nicht nur ein Walhalla des Bieres, das ist eine ganz andere Liga als bei den allermeisten bayerischen Kirchturmbrauereien, bei denen die Bierstile seit jeher über die Malzsorten definiert werden. Die Hopfengabe ist meist klassisch und die Brauhefe oft seit Jahrhunderten im Haus, und das wortwörtlich. Ein, zwei Sorten bei Hopfen und Hefe, das reicht. Passt schon! Das ist umso bedauerlicher, weil das größte Hopfenanbaugebiet der Welt ja gewissermaßen vor der eigenen Haustür liegt: die Hallertau. Hier wird auf 15 000 Hektar Anbaufläche ein Drittel des weltweit verbrauchten Hopfens angebaut – und ständig

werden neue Sorten entwickelt. Das gelingt so gut, dass 70 Prozent unseres Hopfens in über 100 Länder der Erde exportiert werden. Der Hopfen zählt übrigens zu den Hanfgewächsen und kann bis zu 50 Jahre alt und bis zu sieben Meter hoch werden. Diese Höhe schafft er, weil er in seiner kurzen Vegetationszeit im Frühsommer bis zu 30 Zentimeter pro Tag wächst. Damit ist er die klare Nummer eins unter allen Pflanzen in unseren Breiten und ein wahrer Supersprinter.

Auch bei Riegele in Augsburg kennt man sich mit Malz und Hopfen bestens aus, setzt die ganze Hopfenpalette auch für internationale Bierstile kreativ ein und kann auf eine Biervielfalt und -qualität verweisen

wie kaum eine andere bayerische Brauerei. Riegele-Biere bekommen alle Zeit der Welt bis zur Reife und viel Ruhe bis zur Vollkommenheit. Die Magnus-Jahrgangsbiere als Höhepunkte unter den Brauspezialitäten werden sogar im Barrique ausgebaut. Doch das eigentliche Geheimnis ist die Hefe. Fast zweihundert Sorten hat Frank Müller ständig im Labor, hegt und pflegt und überprüft sie – und setzt sie ein wie Gewürze. Gern auch gleich mehrere auf einmal. Mit einer Hingabe und sorgsamen Kompetenz, wie man sie sonst nur aus der belgischen Bierkultur kennt. Wie ernst er die heimlichen Königinnen des Bieres nimmt, erlebt man nicht nur bei einem Besuch im Hefelabor, sondern man sieht es auch ganz konkret tief drinnen im Bauch der Brauerei, im ständig kühlen Lagerkeller. Dort stehen die riesigen Lagertanks nicht, sondern sie liegen, weil im stehenden Tank mehr Druck auf der Hefe lasten würde. Dieses gekonnte Zusammenspiel kleinster Nuancen schenkt den Riegele-Bieren ihre oftmals vollendete geschmackliche Ausgewogenheit und Frank Müller einen Ruf als Hefepapst, der häufig andere bayerische Braumeister in Augsburg anklopfen oder anrufen lässt. Selten schlägt Müller dann eine Bitte ab oder spart mit Rat. Und so macht der Mann tatsächlich das bayerische Bier als solches besser und vielfältiger: mit seinen Hefen, seinem Wissen und seiner Großzügigkeit.

Um gewohnte Bierspezialitäten in einem neuen Licht zu erleben, hat mir Frank Müller noch einen Tipp mit auf den Weg gegeben: das Bierstacheln. Beim Stacheln wird ein glühendes Eisen kurz und vorsichtig in ein gekühltes Bier getaucht. Dabei karamellisiert der Zucker im Bier, und es entsteht ein leicht warmer Schaum von faszinierender Cremigkeit, während das Bier selbst kühl bleibt und sich nur ganz leicht erwärmt. Wichtig dabei ist nur, das Bier vorher möglichst schaumlos einzuschenken, damit am Ende nicht zu viel Schaum entsteht, und auch nur eine Menge von ungefähr 200 Millilitern, so klappt es am besten. Nun hat nicht jeder einen Bierstachel zu Hause, aber vielleicht können Sie ja Ihren Lieblingswirt dazu überreden: Wenn er jedes Mal 1 Euro mehr verlangt – und das ist die Schau und der seltene Genuss auf alle Fälle wert –, dann hat sich die Anschaffung schnell amortisiert.

Geeignet dafür ist jedes Bier mit viel Stammwürze, allen voran der klassische dunkle Doppelbock, wie ihn fast jede bayerische Brauerei auf Lager hat. Der bekannteste ist wohl der Salvator von Paulaner, mit ihm bin ich während meiner Kochlehre quasi aufgewachsen. Eine Nuance fruchtiger und heller wären die seltenen Weizendoppelböcke, wie man sie bei Riegele, aber auch bei Mahrs in Bamberg findet. Gestachelt wird aus diesen eh schon hervorragenden Bockbieren ein faszinierendes Geschmackserlebnis aus einem kräftigen Bett aus Alkohol und Stammwürze, dezenter Hopfenbittere und leichter Karamellsüße, und dazu eine feine Hefenote. Ja, die Hefe ist genauso wichtig wie der Hopfen. Ein Bier in Balance. So mag ich das! Probieren Sie's mal!

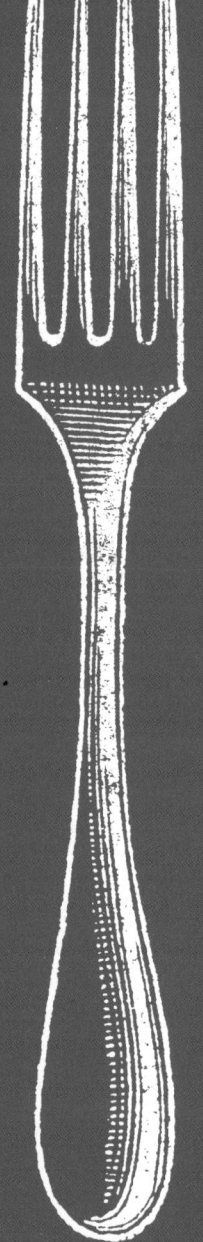

Grundrezepte

Limonaden

Quittenlimonade

1 kg Quitten
1 l Wasser
Saft von 2 Zitronen
310 g Zucker
2 l Mineralwasser
Eiswürfel

Die Quitten schälen und in kleine Würfel schneiden, dann mit Wasser, Zitronensaft und Zucker kochen, bis die Quitten weich sind. Über Nacht im Kühlschrank abkühlen lassen. Anschließend durch ein Sieb in einen Topf passieren und etwa 30 Minuten zu einem Sirup einkochen. Etwas Sirup in Gläser geben, mit Mineralwasser und Eiswürfeln auffüllen und servieren.

Karamellisierte Zitronenlimonade

16 Bio-Zitronen (etwa 2 kg)
200 g Zucker
150 g Honig
3 l Mineralwasser
Eiswürfel
frische Minze

Die Zitronen halbieren und mit der Schnittseite in den Zucker tauchen. Anschließend in einer Pfanne auf der Zuckerseite so lange braten, bis der Zucker schön karamellisiert ist. Die Zitronen auspressen und den Saft mit dem restlichen Zucker und dem Honig aufkochen. Nach dem Abkühlen den Sirup in Gläser geben, mit Mineralwasser und Eiswürfeln auffüllen und mit Minze dekoriert servieren.

Gurken-Zitronen-Limo mit Pfefferminz

1 l Wasser
250 g Zucker
1 kg Bio-Salatgurken
5 Bio-Zitronen
Eiswürfel
2 l Mineralwasser
frische Pfefferminze

Wasser und Zucker in einem Topf verrühren und zum Kochen bringen. 5 Minuten bei milder Hitze kochen. Beiseitestellen und abkühlen lassen. Die Gurken waschen, trocken tupfen und grob würfeln. Im Mixer sehr fein zerkleinern und durch ein feines Sieb passieren. Den Saft auffangen. 4 Zitronen auspressen, 200 ml Zitronensaft mit dem Gurkensaft und dem abgekühlten Zuckersirup verrühren, in den Kühlschrank stellen. Die restliche Zitrone heiß abwaschen, trocken tupfen, längs halbieren und quer in Scheiben schneiden. Etwas Gurkensirup in Gläser geben, mit Mineralwasser und Eiswürfeln auffüllen und Zitronenscheiben zugeben. Mit Pfefferminze garniert servieren.

Johannisbeerlimonade

700 g Johannisbeeren
80 g Zucker
500 ml Wasser
1,5 l Mineralwasser
Eiswürfel

Die Johannisbeeren waschen und von den Stängeln zupfen. Mit Zucker und Wasser etwa 30 Minuten zu einem Sirup köcheln lassen. Über Nacht im Kühlschrank ziehen lassen, dann passieren. Den Sirup in Gläser füllen und mit Mineralwasser und Eiswürfeln auffüllen und servieren.

Marmeladen

Marillenmarmelade mit Wacholder

1 kg Aprikosen
1 EL Zitronensaft
500 g Gelierzucker 2:1
2 EL Marillengeist
2 Wacholderbeeren

Die gewaschenen Aprikosen halbieren und entsteinen. Mit dem Zitronensaft pürieren. Anschließend mit Gelierzucker und angedrückten Wacholderbeeren in einen großen Topf geben und alles zum Kochen bringen. Etwa 7 Minuten sprudelnd kochen lassen. Dann den Marillengeist einrühren und die Marmelade heiß in sterilisierte Schraubgläser füllen. Die Gläser verschließen und auf den Kopf gestellt abkühlen lassen.

Rhabarber-Himbeer- Marmelade mit Vanille

500 g geputzter Rhabarber
500 g Himbeeren
500 g Gelierzucker 2:1
2 Pck. Vanillezucker

Den Rhabarber in kleine Stücke schneiden und mit den Himbeeren in einen Topf geben. Den Gelierzucker hinzufügen und gut verrühren. Alles zum Kochen bringen und etwa 5 Minuten sprudelnd kochen lassen. Zum Schluss den Vanillezucker einrühren und die Marmelade heiß in sterilisierte Schraubgläser füllen. Die Gläser verschließen und auf den Kopf gestellt abkühlen lassen.

Kürbismarmelade mit Apfel

500 g entkerntes und
   geschältes Kürbisfrucht-
   fleisch
50 ml Apfelsaft
1 EL Zitronensaft
500 g Äpfel
500 g Gelierzucker 2:1

Den Kürbis in Stücke schneiden und in einem Topf mit ganz wenig Wasser etwa 10 Minuten dünsten.Die Kürbisstücke mit dem Apfelsaft pürieren. Den Zitronensaft zufügen. Die geschälten Äpfel grob raspeln und unter die Kürbismasse mischen. Den Zucker zufügen und gut verrühren. Alles in einem Topf zum Kochen bringen und etwa 7 Minuten sprudelnd kochen lassen. Die Marmelade heiß in sterilisierte Schraubgläser füllen. Die Gläser verschließen und auf den Kopf gestellt abkühlen lassen.

Blaubeer-Thymian-Marmelade

500 g Blaubeeren
5 Stängel Thymian
2 EL Zitronensaft
1 TL Zitronensäure
300 g Gelierzucker 2:1

Die Blaubeeren verlesen, waschen und gut abtropfen lassen. Mit dem Gelierzucker in einem hohen Topf mischen. Thymian, Zitronensaft und Zitronensäure zufügen und alles zum Kochen bringen. Mindestens 5 Minuten sprudelnd kochen lassen. Die Thymianstängel entfernen, dann die Marmelade heiß in sterilisierte Schraubgläser füllen. Die Gläser verschließen und auf den Kopf gestellt abkühlen lassen.

Eingemachtes

Dunstäpfel

4 Äpfel (Boskop oder
  Holsteiner Cox)
20 g Butter
10 g brauner Zucker
Saft von 1 Zitrone
100 ml Apfelsaft
Salz
1 Stängel Rosmarin
5 g rosa Pfefferbeeren, gehackt

Die Äpfel schälen und in Spalten schneiden. Die Butter in einer Pfanne zerlassen, aber nicht zu heiß werden lassen. Die Äpfel darin dünsten. Mit dem Zucker bestreuen und leicht karamellisieren. Mit Zitronen- und Apfelsaft aufgießen und weiterdünsten. Salz und den Rosmarin zugeben, die Flüssigkeit einkochen lassen. Wenn die Äpfel al dente sind, gehackte rosa Pfefferbeeren zugeben. Heiß in sterilisierte Weckgläser abfüllen. Die Gläser sofort verschließen, in einen Topf mit kochendem Wasser stellen und etwa 10 Minuten einmachen. Anschließend vorsichtig herausnehmen und abkühlen lassen.

Gewürzäpfel

3 Äpfel (Holsteiner Cox)
Saft von 1 Bio-Zitrone
300 ml Weißwein
75 g brauner Zucker
1 Sternanis
3 Nelken
½ Zimtstange
1 Stängel Rosmarin
1 Stängel Thymian
1 Prise Salz
½ TL schwarze Pfefferkörner
125 ml Apfelsaft
frische Kräuter
  (nach Belieben) zum Garnieren

Die Äpfel schälen und das Kerngehäuse entfernen. Jeden Apfel in 8 Spalten schneiden und diese in Zitronenwasser legen, damit sie nicht braun werden. Weißwein, Zucker und sämtliche Aromazutaten mit dem Apfelsaft zum Kochen bringen und die Apfelspalten darin etwa 1 Minute mitkochen. Entweder im Fond auskühlen lassen oder für eine spätere Verwendung kochend heiß in ein sterilisiertes Weckglas üllen und sofort verschließen. Das Glas in einen Topf mit kochendem Wasser stellen und etwa 10 Minuten einmachen. Anschließend vorsichtig herausnehmen und abkühlen lassen.

Preiselbeeren

200 g frische Preiselbeeren
100 g feiner Zucker
abgeriebene Schale von
  ½ Bio-Orange und -Zitrone
10 ml roter Portwein
10 ml Cognac

Die Preiselbeeren putzen und gut waschen. Anschließend trocknen lassen. Die Beeren mit den restlichen Zutaten in einer Schüssel vermischen. An einen warmen Ort stellen und immer wieder umrühren, bis sich der Kristallzucker aufgelöst hat. Die Preiselbeeren in Gläser füllen und im Kühlschrank lagern, so hält sich das Kompott etwa 6 Monate. Vor der Verwendung gut umrühren, die Beeren setzen sich gern oben ab.

Eingemachtes

Gewürzbirnen

4–5 Birnen (Concorde, etwa
   500 g)
500 ml Apfelsaft
1 EL Zitronensaft
1 Sternanis
½ Vanilleschote
1 kleine Zimtstange
1 EL brauner Zucker
3 Gewürznelken

Die Birnen schälen und das Kerngehäuse entfernen. Jede Birne in gleich
große Spalten schneiden. Alle übrigen Zutaten in einem Topf zum Kochen
bringen und zu einem kräftigen Sud einkochen. Die Birnenspalten hineingeben und 3 Minuten mitkochen lassen. Die Birnen vorsichtig mit dem
Sud in ein sterilisiertes Weckglas füllen. Die Birnenspalten sollten nicht
beschädigt werden. sofort verschließen. Das Glas in einen Topf mit kochendem Wasser stellen und etwa 10 Minuten einmachen. Anschließend
vorsichtig herausnehmen und abkühlen lassen.

Mein Tipp

Die Gewürzbirnen sollten wenigstens einige Tage vor der Verwendung
eingekocht werden, damit sie schön durchgezogen sind.

Eingelegte Orangen

1 kg Bio-Orangen (Navel)
1 Bio-Zitrone
150 g brauner Zucker
300 ml Wasser
300 ml Süßwein
Salz

Orangen und Zitrone gut waschen und mit der Schale in 5 mm dicke
Scheiben schneiden, dann in vorbereitete Weckgläser schichten. Zucker,
Wasser und Süßwein mit einer Prise Salz zum Kochen bringen. Etwa
5 Minuten kräftig kochen lassen, bis sich der Zucker vollständig aufgelöst
hat. Die Zuckerlösung in die Weckgläser gießen, bis die oberste Schicht
der Fruchtscheiben gut bedeckt ist. Die Gläser sofort verschließen.
Die Gläser in einen Topf mit kochendem Wasser stellen und etwa 10 Minuten einmachen. Anschließend vorsichtig herausnehmen und abkühlen
lassen.

Mein Tipp

Die Orangen vor der weiteren Verarbeitung
einige Tage ziehen lassen.

Eingemachtes

Salzzitronen

8 kleine Bio-Zitronen
80 g grobes Meersalz
1 TL schwarze Pfefferkörner
5 Lorbeerblätter
100 ml Zitronensaft
60 ml Olivenöl

Die Zitronen waschen und trocken tupfen, die Stielansätze abschneiden und die Kopfenden mehrmals etwa ½ cm tief über Kreuz einschneiden. Die eingeschnittenen Zitronen sehr stark mit Meersalz einreiben und in ein großes Weckglas geben. Schwarze Pfefferkörner, restliches Meersalz und Lorbeerblätter zufügen, das Glas verschließen und 24 Stunden ziehen lassen, währenddessen mehrmals drehen. Zitronensaft und Olivenöl zugeben und kräftig schütteln.

Mein Tipp

Die Salzzitronen sollten 4 Wochen an einem dunklen Ort reifen.

Röstschalotten

500 g Schalotten, abgezogen
1 l Rapsöl
3 EL Weizenmehl Type 405
1 EL Paprikapulver edelsüß
Meersalz
schwarzer Pfeffer aus der
  Mühle

Die Schalotten in feine Ringe hobeln. Das Öl in einem Topf auf ca. 160 °C erhitzen. In einer Schüssel Mehl und Paprikapulver vermengen und die Schalottenringe darin wenden, bis sie rundum bedeckt sind. Die Schalottenringe abklopfen und portionsweise im heißen Fett goldgelb frittieren. Dabei die Schalotten nicht zu dunkel braten, da sie sonst bitter werden. Auf Küchenpapier abtropfen lassen und mit Salz und Pfeffer würzen.

Mein Tipp

Die Röstschalotten können auch in einer Fritteuse zubereitet werden. Das Öl muss jedoch anschließend gereinigt oder erneuert werden, da sich Gargut am Boden absetzt.

Eingemachtes

Rotweinschalotten

12 Schalotten
3 EL Puderzucker
200 ml Rotwein
200 ml roter Portwein
100 ml Sherry
1 Stängel Thymian
1 Stängel Rosmarin
Salz
schwarzer Pfeffer aus der
  Mühle

Die Schalotten abziehen, dabei den Strunk jedoch nicht abschneiden, und der Länge nach halbieren. Den Puderzucker in einem kleinen Topf karamellisieren. Die Schalottenhälften zugeben und kurz darin ziehen lassen. Mit Rotwein, Portwein und Sherry ablöschen und die Kräuter zufügen. Bei mittlerer Hitze köcheln lassen, bis die Schalotten weich sind und der Sud leicht dickflüssig ist. Mit etwas Salz und Pfeffer würzen.

Rotweingewürzzwiebeln

1 Flasche kräftiger
  Rotwein
10 g Thymian
5 g Wacholderbeeren
Salz
5 Gewürznelken
2 Lorbeerblätter
100 ml Eisweinessig
30 g Butterschmalz
4 Metzgerzwiebeln
  (à etwa 200 g), abgezogen
50 g brauner Zucker

Den Rotwein, Thymian, Wacholder, Salz, Nelken, Lorbeer und Essig in einen Topf geben. Alles zum Kochen bringen und auf die Hälfte einköcheln lassen. Eine ofenfeste Form mit dem Butterschmalz einfetten. Den Backofen auf 160 °C vorheizen. Die Zwiebeln quer halbieren und mit den Schnittflächen nach oben in die Form geben. Mit braunem Zucker bestreuen und im vorgeheizten Ofen 30 Minuten backen.

Mit dem Rotweinsud aufgießen und etwa 3 Stunden weiterschmoren, bis die Zwiebeln weich sind. Bei Bedarf noch etwas Rotwein angießen.

Eingemachtes

Zutaten für 2 Liter

100 g Gelbe Rüben
100 g Staudensellerie
100 g Blumenkohl
100 g rote Paprikaschote
100 g gelbe Paprikaschote
8 scharfe Tomatenchilis (tomaten-
  förmige, milde Chilisorte)
100 g geputzte Champignons
100 g Silberzwiebeln
100 g kleine Einlegegurken
1,25 l Weißweinessig
500 ml trockener Weißwein
25 ml Olivenöl
½ TL Salz
1 TL Zucker
2 frische Lorbeerblätter
3 Gewürznelken
10 weiße Pfefferkörner
25 gelbe Senfkörner
1 Stängel Rosmarin
2 Stängel Thymian

Essiggemüse

Das Gemüse waschen, schälen und in mundgerechte Stücke schneiden, nur die Silberzwiebeln und die Gurken ganz lassen. Weinessig,
Weißwein und Olivenöl mit Salz, Zucker, Gewürzen und Kräutern in
einen Topf geben und zum Kochen bringen. 5 Minuten leicht köcheln
lassen. Das Gemüse hineingeben und einmal kurz aufkochen lassen. Das
kochend heiße Gemüse mit dem Sud in vorgewärmte sterilisierte Weckgläser abfüllen und die Gläser sofort verschließen. Einen großen Topf mit
einem Küchentuch auslegen, die Gläser daraufstellen und den Topf bis
zum Rand mit siedendem Wasser auffüllen. Bei niedriger Temperatur
5–8 Minuten auf dem Herd köcheln lassen. Anschließend vorsichtig
herausnehmen und langsam auskühlen lassen. Das Essiggemüse ist
nach Anbruch im Kühlschrank etwa 1 Monat haltbar.

Mein Tipp

Das Essiggemüse lässt sich sehr gut auf Vorrat
zubereiten und eignet sich hervorragend als
Beilage für kalte Brotzeiten oder zu Gegrilltem.
Füllen Sie es in kleinere Gläser ab, haben Sie es
immer frisch zur Hand.

Eingemachtes

Getrocknete Tomaten

Zutaten für 16 Tomatenfilets

4 große Fleischtomaten
Salz
schwarzer Pfeffer aus der
   Mühle
1 TL Puderzucker
100 ml Olivenöl
2 Knoblauchzehen,
   abgezogen
2 Stängel Thymian
2 Stängel Rosmarin
16 Basilikumblätter

Den Strunk der Tomaten kreisförmig herausschneiden und die Unterseite einritzen. Die Tomaten etwa 30 Sekunden in kochendem Wasser blanchieren, dann in kaltem Wasser abschrecken. Die Tomaten häuten, vierteln, die Kerne entfernen und das Fruchtfleisch trocken tupfen. Die Tomatenfilets auf ein Backblech oder in eine Kasserolle legen und mit Salz, Pfeffer und Puderzucker würzen. Mit etwas Olivenöl einpinseln. Die Knoblauchzehen in dünne Scheiben schneiden und auf die Tomaten legen. Thymian, Rosmarin und Basilikum klein zupfen und auf den Tomatenviertel verteilen. Im vorgeheizten Ofen bei 100 °C etwa 2 Stunden trocknen.

Mein Tipp

Die Tomatenfilets können mit dem restlichen Olivenöl in einem fest verschlossenen Behälter 5–6 Tage aufbewahrt werden.

Eingemachte Tomaten

Zutaten für 1 großes Einmachglas

2 Zwiebeln, abgezogen
1 Stängel Zitronengras
1 Knoblauchzehe, abgezogen
1 Stängel Thymian
1 Stängel Rosmarin
5 g schwarze Pfefferkörner
4 Wacholderbeeren
250 ml trockener Weißwein
250 ml weißer
   Aceto balsamico
750 ml Wasser
1 EL Salz
2 EL Zucker
500 g Kirschtomaten
   an der Rispe

Zwiebeln und Zitronengras grob hacken, den Knoblauch pressen und mit allen Zutaten bis auf die Kirschtomaten in einen Topf geben. Alles zum Kochen bringen. Die Marinade bei mittlerer Temperatur auf die Hälfte einkochen und durch ein feines Sieb gießen. Die Kirschtomaten waschen und mit dem Stielansatz in ein großes Einmachglas legen. Die heiße Marinade darübergießen und das Glas gut verschließen. Einen Topf mit einem Küchentuch auslegen, das Glas daraufstellen und den Topf bis zum Rand mit siedendem Wasser auffüllen. Bei niedriger Temperatur 5–8 Minuten lassen. Anschließend vorsichtig herausnehmen und langsam auskühlen lassen. Die Tomaten etwa 1 Woche ziehen lassen.

Mein Tipp

Die eingelegten Tomaten eignen sich als Beilage zu Vorspeisen, Salaten oder als Pastasoße. Angebrochen halten sie sich im Kühlschrank 3–4 Wochen.

Eingemachtes

Tomatensaft

Zutaten für ca. 450 ml Saft

1 kg reife Tomaten
Salz
Zucker
20 ml Gin

Alle Zutaten mixen. Anschließend durch ein Passiertuch ablaufen lassen. Am besten über Nacht, damit der klare Saft vollständig ablaufen kann.

Den Saft entweder sofort verwenden oder einmal kurz aufkochen, in Einmachgläser abfüllen und einkochen.

Schwarze Nüsse

500 g grüne Walnüsse
   (der Kern darf sich noch
   nicht abzeichnen)
Salz
750 ml Wasser
abgeriebene Schale und Saft
   von ½ Bio-Zitrone
475 g Zucker
1 kleine Zimtstange
½ TL gemahlene Gewürznelke
5 g Ingwerwurzel, fein
   gerieben

Die Schale der Walnüsse mit einer Spicknadel mehrmals einstechen. Die Nüsse in eine Schüssel geben, mit leicht gesalzenem Wasser bedecken und 10 Tage einweichen. Dabei das Wasser täglich wechseln. Danach die Nüsse herausnehmen und in frischem Salzwasser etwa 7 Minuten köcheln, dann abgießen.

Das Wasser mit Zitronenschale und -saft, Zucker und Gewürzen in einem Topf sirupartig einkochen. Die gekochten Nüsse in den Sirup geben und darin weich kochen. Anschließend mit dem Sirup in Weckgläser füllen und sofort verschließen. Kühl und dunkel gelagert sind die Nüsse mindestens 5 Wochen haltbar.

Mein Tipp

Bei der Verarbeitung Einweghandschuhe tragen!
Die Nüsse färben sehr stark ab.

Karamellisierte Walnüsse

50 g Walnusskerne
Puderzucker
20 g Zucker
10 g Butter

Die Walnusskerne mit etwas Puderzucker bestäuben und im heißen Ofen braun rösten. In einem kleinen Topf den Zucker karamellisieren lassen. Die Butter für eine cremige Konsistenz zugeben. Die Walnüsse sofort zufügen, kurz durchschwenken und zum Abkühlen auf Backpapier verteilen.

Suppen & Brühen

Rindssuppe

Zutaten für 2 Liter

1,5 kg Rinderknochen, gesägt
4 l Wasser
1 Zwiebel
1 große Gelbe Rübe
¼ Sellerieknolle
¼ Stange Lauch
2 Knoblauchzehen, abgezogen
½ EL Wacholderbeeren, zerstoßen
½ EL schwarze Pfefferkörner
3 Stängel Thymian
2 frische Lorbeerblätter
3 Gewürznelken
3 Stängel Petersilie
Salz
schwarzer Pfeffer aus der Mühle

Die Rinderknochen in kochendem Wasser blanchieren. Das Wasser abgießen und die Knochen kalt abwaschen. Die Knochen zurück in den Topf geben, mit 4 Liter kaltem Wasser aufsetzen und etwa 1 Stunde leicht köcheln lassen. Dabei den Schaum mehrmals mit einer Kelle von der Oberfläche abschöpfen. Die Zwiebel schälen, halbieren und mit der Schnittfläche nach unten in einer Pfanne dunkel bräunen. Gelbe Rübe, Sellerie und Lauch putzen und in walnussgroße Stücke schneiden. Den Knoblauch zerdrücken. Zwiebelhälften, Gelbe Rübe, Sellerie und Knoblauch mit den Gewürzen in die Brühe geben und alles 1 Stunde leicht köcheln lassen. 15 Minuten vor Ende der Kochzeit, den Lauch und die gewaschenen Petersilienstängel dazugeben und köcheln lassen, bis der Lauch gar ist. Die fertige Suppe durch ein Tuch oder Sieb passieren und nach Belieben mit Salz und Pfeffer abschmecken.

Doppelte Rindskraftbrühe

Zutaten für 1,5 Liter

4 Eiweiß
1 Gelbe Rübe, geschält und fein
   gewürfelt
40 g Knollensellerie, geschält und
   fein gewürfelt
40 g Lauch, fein geschnitten
1 Lorbeerblatt
7 Wacholderbeeren, zerstoßen
1 Knoblauchzehe, abgezogen
   und zerdrückt
2 Stängel Petersilie, gehackt
300 g Rinderwade, gewolft
2 l kalte Rindssuppe
   (siehe Grundrezept oben)
100 g Eiswürfel
Salz
schwarzer Pfeffer aus der Mühle

Das Eiweiß mit einem Schneebesen leicht schaumig schlagen und mit Gelber Rübe, Sellerie, Lauch, Gewürzen und Petersilie unter das gewolfte Fleisch ziehen. Die Masse gründlich vermengen. Die kalte Rindssuppe in einen Topf geben und die Fleischmasse kräftig einrühren. Die Eiswürfel dazugeben und auf mittlerer Hitze langsam erwärmen, dabei öfter mit einem Kochlöffel vorsichtig und langsam am Topfboden rühren, damit das Fleischeiweiß nicht am Torfboden anbrennt. Die Bouillon einmal aufkochen lassen und mit einer Kelle den Schaum von der Oberfläche abschöpfen. Die Temperatur reduzieren und auf niedriger Hitze 10 Minuten sieden lassen. Bei Bedarf erneut Schaum abschöpfen. Die Kraftbrühe durch ein Tuch oder Sieb passieren und mit Salz und Pfeffer abschmecken.

Mein Tipp

Um zu verhindern, dass die Kraftbrühe trüb wird,
darf während des Siedens nicht mehr umgerührt werden.

Suppen & Brühen

Hühnerbrühe

Zutaten für 1,5 Liter

1 Suppenhuhn (mindestens 1 kg)
2 Gelbe Rüben, geschält
1 kleine Knolle Sellerie, geschält
1 Stange Lauch
1 mittelgroße Zwiebel, abgezogen
2 Knoblauchzehen, abgezogen
20 ml Olivenöl
100 ml trockener Weißwein
2 Stängel Thymian
½ Bund Petersilie
8 schwarze Pfefferkörner
5 Wacholderbeeren
2 frische Lorbeerblätter
2 Gewürznelken
5 Pimentkörner

Das Suppenhuhn in kaltem Wasser etwa 20 Minuten wässern. Anschließend in kochendem Wasser 2 Minuten blanchieren. Das Wasser abgießen. Das Gemüse klein schneiden. Mit etwas Olivenöl in einem Topf farblos anschwitzen, mit dem Weißwein ablöschen und etwas einkochen lassen. Das Suppenhuhn einlegen und mit kaltem Wasser aufgießen, bis das Huhn vollständig bedeckt ist. Wenn der Sud kocht, den Schaum mit einer Kelle abschöpfen. Anschließend die Kräuter und Gewürze zugeben und die Brühe bei mittlerer Hitze 2 Stunden leicht köcheln lassen. Dabei regelmäßig das Fett und den Schaum mit einer Kelle von der Oberfläche abschöpfen. Nach der Kochzeit das Suppenhuhn aus dem Topf nehmen und die Brühe durch ein Tuch oder Sieb passieren.

Mein Tipp

Das Suppenhuhnfleisch am besten noch lauwarm von den Knochen lösen, in Würfel schneiden und als Suppeneinlage oder für Geflügelsalat verwenden.

Gemüsebrühe

Zutaten für 2 Liter

500 g Knollensellerie, geschält
500 g Gelbe Rüben, geschält
500 g Lauch
500 g Knoblauch, abgezogen
100 g Petersilie
10 g Wacholderbeeren
5 g Kräuter der Provence
5 g schwarze Pfefferkörner
Salz

Das Gemüse grob schneiden, dann alle Zutaten in 4 Liter kaltem Wasser aufsetzen und zum Kochen bringen. Etwa 2,5 Stunden leicht köcheln lassen. Dabei den Schaum mehrmals mit einer Kelle von der Oberfläche abschöpfen. Die fertige Suppe durch ein Tuch oder Sieb passieren und nach Belieben mit Salz und Pfeffer abschmecken.

Suppen & Brühen

Fischbrühe

Zutaten für 1,5 Liter

1 kg Fischkarkassen oder Fisch-
abschnitte von weißfleischigen
Fischen

1 große Zwiebel, abgezogen

½ Stange Lauch

½ Stange Staudensellerie

¼ Sellerieknolle, geschält

½ Fenchelknolle

1 große Gelbe Rübe, geschält

20 ml Olivenöl

100 ml trockener Weißwein

100 ml Noilly Prat

20 ml Pernod

2 l kaltes Wasser

3 Eiweiß (etwa 80 g)

10 schwarze Pfefferkörner

10 Senfkörner

2 frische Lorbeerblätter

¼ Bund Petersilie

4 EL Zitronensaft

Salz

Die Fischkarkassen und -abschnitte etwa 10 Minuten in kaltem Wasser wässern. Anschließend das Wasser abgießen. Das Gemüse in kleine Würfel schneiden. Das Olivenöl in einem großen Topf erhitzen und das Gemüse darin glasig dünsten. Mit Weißwein, Noilly Prat und Pernod ablöschen und alles kurz einkochen lassen. Dann die Fischgräten und -abschnitte dazugeben und mit dem kalten Wasser aufgießen. Die Eiweiße mit einem Schneebesen leicht aufschlagen und zusammen mit Pfefferkörnern, Senf-körnern, Lorbeerblättern, Petersilie und Zitronensaft in das noch kalte Wasser einrühren und gut vermengen. Den Sud einmal aufkochen lassen und dann etwa 30 Minuten bei mittlerer Hitze köcheln lassen. Dabei mit einem Schaumlöffel das aufsteigende Eiweiß vorsichtig von der Oberfläche abschöpfen. Den Sud während des Kochens nicht mehr umrühren, sonst wird er trüb. Wenn der Sud klar ist und kein Eiweiß mehr aufsteigt, die Fischbrühe durch ein Tuch oder ein sehr feines Sieb in einen Topf passieren.

Mein Tipp

Verwenden Sie ausschließlich Karkassen und Abschnitte von weißfleischigen Fischen. Fische mit rötlichem oder dunklem Fleisch, wie zum Beispiel Lachs, enthalten sehr viel Fett, dadurch schmeckt die Fischbrühe tranig und wird nicht klar.

Soßen

Entensoße

Zutaten für 2 Liter

4,5 kg Entenkarkassen
50 g Entenfett (alternativ Rapsöl)
1 Gelbe Rübe, geschält
⅛ Knollensellerie, geschält
150 g rote Zwiebeln, abgezogen
1 Apfel (Boskop)
1 Knoblauchzehe, abgezogen
50 g Tomatenmark
2 Stängel Thymian
3 Stängel Majoran
100 ml frisch gepresster
   Orangensaft
180 ml trockener Rotwein
3 l Gemüsebrühe (siehe
   Grundrezept Seite 287)
3 Lorbeerblätter, frisch
2 Gewürznelken
5 weiße Pfefferkörner
Salz
Pfeffer aus der Mühle

Die Entenkarkassen klein hacken und in einem Bräter in heißem Entenfett portionsweise scharf anbraten. Gelbe Rübe, Sellerie, Zwiebeln und Apfel würfeln, den Knoblauch zerdrücken. Alles zum Entenfett geben und braun anrösten. Tomatenmark, Thymian und Majoran zufügen und kurz mitrösten. Nach und nach mit Orangensaft und Rotwein ablöschen und fast vollständig einkochen lassen. Mit der Rindssuppe aufgießen und zum Kochen bringen. Mit einer Kelle den Schaum und das Fett von der Oberfläche abschöpfen. Lorbeer, Nelken und Pfefferkörner zugeben und die Soße bei mittlerer Hitze 2 Stunden leicht kochen lassen. Die Soße durch ein feines Sieb passieren und erneut zum Kochen bringen. Mit Salz und Pfeffer abschmecken. Für einen kräftigeren Geschmack, die Soße im Topf noch etwas einkochen lassen.

Mein Tipp

Soßenreste können portionsweise eingefroren und bei Bedarf aufgekocht werden. Anschließend mit den gewünschten Zutaten verfeinern.

Soßen

Geflügelsoße

Zutaten für 2 Liter

4,5 kg Geflügelkarkassen
50 g Entenfett (alternativ Rapsöl)
150 g rote Zwiebeln, abgezogen
1 Gelbe Rübe, geschält
⅛ Knollensellerie, geschält
1 Apfel (Boskop)
1 Knoblauchzehe, abgezogen
50 g Tomatenmark
3 Stängel Majoran
2 Stängel Thymian
100 ml Orangensaft
180 ml Rotwein
3 l Gemüsebrühe
  (siehe Grundrezept Seite 287)
2 Gewürznelken
5 weiße Pfefferkörner
3 Lorbeerblätter
Salz
Pfeffer aus der Mühle

Die Geflügelkarkassen klein hacken und in einem Bräter in heißem Entenfett scharf anbraten. Zwiebeln, Gelbe Rübe, Sellerie und Apfel würfeln, den Knoblauch zerdrücken. Gemüse und Apfel zum Entenfett geben und braun anrösten. Das Tomatenmark und die Kräuter zufügen und kurz mitrösten. Nach und nach mit Orangensaft und Rotwein ablöschen und fast vollständig einkochen lassen. Mit der Gemüsebrühe aufgießen und zum Kochen bringen. Mit einer Kelle den Schaum und das Fett von der Oberfläche abschöpfen. Nelken, Pfefferkörner und Lorbeer zugeben und die Soße bei mittlerer Hitze 2 Stunden leicht kochen lassen. Die Soße durch ein feines Sieb passieren und erneut aufkochen lassen. Mit Salz und Pfeffer abschmecken. Für einen kräftigeren Geschmack und eine sämigere Konsistenz die Soße noch weiter einkochen.

Soßen

Kalbssoße

Zutaten für 2 Liter

2,5 kg Kalbsknochen, gehackt,
  oder Fleischabschnitte
15 ml Olivenöl
2 Karotten, geschält
1 kleine Knolle Sellerie, geschält
2 Zwiebeln, abgezogen
2 Knoblauchzehen, abgezogen
2 EL Tomatenmark
2 Stängel Thymian
2 Stängel Rosmarin
100 ml trockener Weißwein
100 ml trockener Rotwein
100 ml roter Portwein
3 l Rindssuppe
  (siehe Grundrezept Seite 286)
5 schwarze Pfefferkörner
2 frische Lorbeerblätter
2 Gewürznelken
2 Wacholderbeeren, zerdrückt
Salz
Mehlbutter zum Abbinden

Die gehackten Knochen oder die Fleischabschnitte in einem Topf oder Bräter in heißem Olivenöl portionsweise scharf anbraten. Karotten, Sellerie und Zwiebeln würfeln, den Knoblauch halbieren und alles mit den Knochen braun anrösten. Tomatenmark, Thymian und Rosmarin zufügen und kurz mitrösten. Nach und nach mit Weißwein, Rotwein und Portwein ablöschen und die Flüssigkeit fast vollständig einkochen. Mit der Rindssuppe aufgießen und aufkochen. Mit einer Kelle den Schaum und das Fett von der Oberfläche abschöpfen. Die Gewürze zugeben und die Soße bei mittlerer Hitze 2 Stunden leicht köcheln lassen. Die Soße durch ein feines Sieb in einen Topf passieren und erneut aufkochen. Mit Salz abschmecken und nach Wunsch mit etwas Mehlbutter abbinden oder mit einigen Butterflocken schaumig aufmontieren. Für einen kräftigeren Geschmack die Soße im Topf noch etwas einkochen lassen.

Soßen

Lammsoße

Zutaten für etwa 1 Liter

600 g Lammknochen oder
  Fleischabschnitte
40 ml Olivenöl
1 Gelbe Rübe, geschält
1 kleine Knolle Sellerie, geschält
2 Zwiebeln, abgezogen
2 Knoblauchzehen, abgezogen
2 EL Tomatenmark
2 Stängel Thymian
2 Stängel Rosmarin
100 ml trockener Weißwein
100 ml trockener Rotwein
2,5 l Rindssuppe
½ Bund Petersilie
10 schwarze Pfefferkörner
2 frische Lorbeerblätter
2 Wacholderbeeren, zerdrückt
Salz
schwarzer Pfeffer aus der Mühle

Die gehackten Lammknochen in einem Topf oder Bräter in heißem Olivenöl scharf anbraten. Gelbe Rübe, Sellerie, Zwiebeln und Knoblauch würfeln und den Knoblauch halbieren. Alles zu den Knochen geben und braun anrösten. Tomatenmark, Thymian und Rosmarin zufügen und kurz mitrösten. Nach und nach mit Weißwein und Rotwein ablöschen und fast vollständig einkochen. Mit der Rindssuppe aufgießen und aufkochen. Mit einer Kelle den Schaum und das Fett von der Oberfläche abschöpfen. Petersilie, Pfeffer, Lorbeer und Wacholder zugeben und die Soße bei mittlerer Hitze 2 Stunden leicht köcheln lassen. Die Soße durch ein feines Sieb in einem Topf passieren und erneut aufkochen lassen. Für einen kräftigeren Geschmack, die Soße im Topf noch etwas einkochen lassen. Nach Belieben mit Salz und Pfeffer abschmecken.

Mein Tipp

Diese Soße können Sie auch mit den Knochen und Fleischabschnitten von der Ziege zubereiten. Perfekt für alle Gerichte mit Ziegenfleisch.

Extras

Geklärte Butter

Zutaten für 300 ml

500 g bayerische Bauernbutter

Die Butter in einem kleinen Topf langsam erhitzen, bis sich das Milcheiweiß auf dem Topfboden absetzt. Nach etwa 40 Minuten die fast klare Butter durch ein Tuch passieren, um das Eiweiß zu filtern.

Mein Tipp

Geklärte Butter eignet sich hervorragend zum Ausbacken von Paniertem sowie für Mehlspeisen. Sie kann in kleinen Mengen in gut schließenden Behältern auf Vorrat eingefroren werden.

Petersilienöl

Zutaten für 250 ml

250 g Bio-Petersilie, zerzupft
200 ml sardisches Olivenöl

Die Petersilie und das Olivenöl mit einem Pürierstab kräftig mixen. Das Öl 1 Stunde ziehen lassen und anschließend durch ein feines Sieb passieren.

Mein Tipp

Dies ist ein Basisrezept für Kräuteröle. Sie können jedes beliebige Küchenkraut auf diese Weise verarbeiten.

Kalbsbrät / Kalbsfarce

Zutaten für 1,8 kg

1 kg Kalbfleisch aus der Schulter
  ohne Sehnen
700 g kalte Sahne
25 ml Cognac
25 ml weißer Portwein
20 g Salz
weißer Pfeffer aus der Mühle
frisch geriebene Muskatnuss

Das Kalbfleisch in kleine Stücke schneiden und sehr fein wolfen. Auf einem flachen Teller im Tiefkühlfach anfrieren lassen. Danach das Fleisch in einem Tischkutter oder in einer Küchenmaschine zerkleinern und die Hälfte der Sahne dazugeben. Die Sahne sollte kalt sein, da sie sonst gerinnt. Dann nach und nach Cognac, Portwein sowie etwas Salz, Pfeffer und Muskatnuss dazugeben. Alles bei höchster Stufe zu einer feinen Masse verarbeiten. Die restliche Sahne zufügen. Je nach Verwendungszweck kann die Festigkeit der Farce durch die Menge der zugegebenen Sahne variiert werden.

Mein Tipp

Wenn Sie keinen Kutter haben, können kleinere Mengen auch in der Küchenmaschine zubereitet werden. Sie können jedoch nicht die gesamte Fleischmenge auf einmal verarbeiten.

Glossar

Bayerische Begriffe

Beuschel	Innereien
Blaukraut	Rotkohl
Brezn	Brezel
Erdäpfel	Kartoffeln
Fleischpflanzerl/Pflanzerl	Frikadellen, Buletten
Gelbe Rüben	Karotten
geselcht	geräuchert
gesurt	gepökelt
Goaß	Ziege
Goaßbratl	Schweinebraten
Gockel	Hahn
Gurkerl	Gurken
Haxn/Haxerl	Haxe
Kaisersemmeln	runde Brötchen
Kletze/Kletzen	getrocknete Holzbirne/Dörrbirnen
Knödelbrot	Brotwürfel für Knödel
Kren	Meerrettich
Laiberl	kleine (Brot-) Laibe
Lammbackerl	Lammbäckchen
Marille	Aprikose
Nockerl	Klößchen/Nocken
Obstler	Obstbrand
Reherl	Pfifferling
Radieserl	Radieschen
Rana	Rote Bete
Reine	Bräter (großes feuerfestes Gefäß)
Ribisel	Johannisbeeren
Saubohnen	dicke Bohnen
Scherzl	Brotendstück
Schwarzwurst	geräucherte Blutwurst
Sulz/Sulzenstand	Gallert, Aspik
Surhaxe	Eisbein
Voglkiachl	Quarkkrapfen
Wammerl	Schweinebauch
Weißkraut	Weißkohl
Wickerl	Roulade, gewickeltes kleines Paket
Woidhoabern	Waldheidelbeeren
Zickerl	Ziegenkitz

Rezepte

Sachregister

Adressen

Jakob Blum Hofbräuhaus-Kunstmühle
Stefan Blum
Neuturmstraße 3, 80331 München
Tel. 089/294222, info@hb-kunstmuehle.de

Spargel & Erdbeeren Gänger
Hans & Benedikt Gänger
Donaustraße 38, 94345 Niedermotzing
Tel. 09429/948590, info@spargel-gaenger.de

Fisch Mayer
Katharina & Michael Mayer
Lerchenhaid 2, 94315 Straubing
Tel. 09421/21739, ahoi@fisch-mayer.de

Hofmetzgerei Höfermühle
Alfons Gierl
Zur Mühle 1, 94244 Geiersthal
Tel. 09923/2240, info@hofmetzger.de

Chiemgauhof Locking
Florian Reiter
Locking 1, 83123 Amerang
Tel. 08075/914940, info@chiemgauhof-locking.de

Wallners Bioputen
Simon, Barbara & Quirin Wallner
Goppertshofen 5, 85241 Hebertshausen
Tel. 08131/79212, info@wallners-bioputen.de

Gemüsehof Kraus
Nikolaus Kraus
Freisinger Straße 22, 85737 Ismaning
Tel. 089/967549, gemuesehof-kraus@gmx.de

Wildmetzgerei Jungmayer
Alfons Jungmayer
Rosengasse 5, 94333 Geiselhöring
Tel. 09423/902266, info@metzgerei-jungmayer.de

Hirschzucht Mauerer/Wildfang Feinkost
Erwin Mauerer
Rosengasse 2a, 94330 Salching
Tel. 09426/408, info@wildfang-feinkost.de

Biomilchhof Berl
Markus Berl
Thanhof 1, 94347 Ascha
Tel. 09961/9437498, info@biomilchhof-berl.de

Brauerei S. Riegele
Braumeister Frank Müller
Frölichstraße 26, 86150 Augsburg
Tel. 0821/32090, info@riegele.de

Was wären wir ohne Euch

Michael Käfer meinte zu Beginn, die wichtigsten Zutaten in Andreas Küche seien Menschen. Das sind sie auch für dieses Buch. Jeder neue Weg beginnt mit einer offenen Tür. Die erste wirkte weit geöffnet, wir haben sie trotzdem eingerannt. Dahinter wartete Eva Salzgeber und die Reise begann.
Ein herzliches Dankeschön an alle Produzenten für ihre Offenheit, Bereitschaft und Zeit. Für Gespräche und Geschmack, für Einsichten, neue Blickwinkel und so viele Überraschungen. Wie ehrlich und freundlich das war! Silvio wollte keine hergeschleckten Bayern-Postkarten. Also durften wir überall ein großes Stück Alltag einpacken, ohne Kamm und Sonntagsanzug, ganz nah dran. Das ist nicht selbstverständlich. Dank an alle, die uns unterstützt haben, ohne Auftrag und unmittelbar. Familie, Kollegen, Mitarbeiter und Freunde, ohne Blick auf die Uhr. Danke an alle freundlichen, menschlichen Rädchen im Buchwunderwerk Südwest Verlag. Gemeinsam mit Eva und Jana wurde aus Bildern, Zeilen, Rezeptzetteln und Ideen ein gedrucktes Schwergewicht. Wir tragen euch auf Händen!

Liebe Leser*innen, auch wir aus der Redaktion möchten uns bedanken. Und zwar zuerst bei Ihnen, dass Sie sich mit Andreas Schinharl auf die spannenden Wege in der bayerischen Küche wagen und dann natürlich bei den drei Protagonisten dieses Buchs, Andreas, Frank und Silvio. Danke euch für diese lange und abwechslungsreiche Wanderung auf mitunter abenteuerlichen Pfaden, die uns unvergessliche und lange nachhallende Erfahrungen bescherte. Danke auch, dass ihr trotz aller Widrigkeiten der Pandemiezeit durchgehalten habt und bis zu den letzten Texten, dem letzten Foto und der finalen Korrektur eure Freude und Begeisterung eingebracht habt. Danke auch an unsere unermüdlich kreative Grafikerin Jana Jacobs, die eine mutige neue Optik für die neue bayerische Küche gefunden hat und an Frau Seidel, die mit Akribie alle unsere Fehler in den Texten ausgemerzt hat.
Wie spannend und unkonventionell diese Zusammenarbeit war, erzählt vielleicht folgende Anekdote aus der letzten Korrekturphase mit Andreas. Wir saßen zusammen, um die letzten Feinheiten an den Rezepten abzustimmen und dabei ging es um genaue Zutatenmengen, exakte Zubereitungsschritte etc. Irgendwann sagte Andreas: »Weißt du was, so genau muss das doch alles gar nicht sein! Meine Rezepte müssen nicht streng nachgekocht werden, da darf experimentiert und ausprobiert werden, dürfen Zutaten ausgetauscht oder Gerichte neu zusammengestellt werden … Kochen soll Freude machen und mein Rezept will immer nur ein Wegweiser sein. Ich weiß ja auch nicht, welchen Geschmack der Koch oder die Köchin hat – viel Salz? Wenig Pfeffer? Noch weiß ich, ob sie oder er gerade eine Gelbe Rübe aus eigenem Anbau, vom Markt oder aus dem Supermarkt in der Hand hält! Klar, es ist zwar immer eine Gelbe Rübe, aber der Geschmack ist immer ein anderer. So wie jeder Geschmack individuell ist …«
Wir können Ihnen nur ans Herz legen: Trauen Sie sich auf Ihren eigenen Weg! Kochen Sie die Rezepte nach, tauschen Sie Zutaten aus, würzen Sie nach eigenem Gusto – es ist Ihre Küche, in der Sie kochen und Ihr Geschmack, der über das Ergebnis entscheidet. Und Kochen ist Lebensfreude, wie auf jeder Seite dieses Buchs spürbar ist.

Allen voran möchte ich meiner Familie danken, die mich immer unterstützt und hinter mir steht.

Mein besonderer Dank gilt Michael Käfer und Susanne Geimann, die mir beide den Raum und die Möglichkeit geben, meinen Beruf auf meine ganz persönliche Weise zu leben.

Mein Dank gilt auch Rainer Gründl für die wunderbaren Nachspeisenrezepte.

Ein paar Worte an alle Beteiligten dieses Buchprojekts:

Jeder von euch weiß, dass es mit mir einfach zu arbeiten ist und ich ein ruhiger und strukturierter Zeitgenosse bin! Weit weg vom kreativen Chaos! Ich bedanke mich von tiefen Herzen bei allen, die es haben aushalten müssen und es so professionell gemacht haben.

Silvio, du bist ein Künstler, und es hat mich um einiges weitergebracht, mit dir zu arbeiten!

Eva, bei dir muss ich mich für die Geduld und Nachsicht bedanken! Sorry, und für die Möglichkeit!

So der Frank!!! Danke für den Arschtritt! Du bist ein absolutes Genie! Wahnsinnig geile Texte! Voll kapiert, was ich für eine Philosophie habe. Tiefe Verneigung!

Jana, du bist nicht nur sehr, wirklich sehr attraktiv! Sondern du kannst auch deinen Job auf diesem Niveau!! Vielen lieben Dank!

Ich glaube, wir können sehr stolz sein! Verneige mich!

Ich bedanke mich bei Monika Seethaler für ihre Hilfe und bei Sandra Stadler, dass sie das so mitgemacht hat.

Andreas Schinharl

Die letzten Zeilen dieses Buches habe ich in einem Kiefernwald hinter einer Düne am Atlantik geschrieben, nahe eines südfranzösischen Surfer-Städtchens, auf dessen Markt es baskische Wurst gibt und Austern, deren Erntenähe nur von der blinzelnd verschwindenden Zahl ihrer Lagerungsaugenblicke unterboten wird. Frisch da, zack weg. Wow! So kurze Wege, alte und neue. Direkt und Hand in Hand geht alles besser. Und allen, deren Arbeit einen Wert hat, geht es besser. Das ist nicht nur in Bayern so, das gilt wohl universal. Hand in Hand ist dieses Werk gewachsen. Eva Salzgeber, Antje Seidel und Jana Jacobs, Silvio Knezevic und Andreas Schinharl, der die erste Tür geöffnet hat: Danke an alle, dass es ein Buch wurde! Ein Händedruck geht an Michael Schinharl, für eine Brise Rückenwind zur richtigen Zeit.

Und eine ewige Umarmung an meine Frau Susanne Schoch, die mir Gefährtin, Partnerin und beste Freundin war und mir den Rücken freigehalten hat. So konnte ich den Blick zur Seite richten und nach vorne. Hinter der Düne liegt das Meer.

Frank Schoch

1. Auflage © 2022 by Südwest Verlag,
einem Unternehmen der Penguin Random House Verlagsgruppe GmbH,
Neumarkter Straße 28, 81637 München

© Texte: Frank Schoch
Andreas Schinharl – Rezepte
© Fotos: Silvio Knezevic

Projektleitung: Eva M. Salzgeber
Redaktion: Antje Seidel, trans texas publishing services GmbH, Köln
Korrektorat: lesezeichen Verlagsdienste, Köln
Umschlaggestaltung, Innenlayout, Satz: Jana Jacobs, München
Bildnachweis: Rezept- und People-Fotos: Silvio Knezevic, München
Illustrationen: iStockphoto

Herstellung: Elke Cramer
Reproduktion: Longo AG, Bozen
Druck & Bindung: Longo AG, Bozen

Printed in Italy

MIX
Papier | Fördert
gute Waldnutzung
FSC® C023164

Penguin Random House Verlagsgruppe FSC® N001967

ISBN 978-3-517-09921-7
www.suedwest-verlag.de